パン デ フィロゾフ

榎本 哲がつくる食事パン

はじめに

　東京・神楽坂にパン デ フィロゾフをオープンして7年。僕自身がつくりたいパンだけをつくり続けてきた今なら、自分らしい本がつくれるのではないかと、初めての著書となるこの本を出版することにしました。
　パン デ フィロゾフで提供しているハード系パンやクロワッサン、レストランのために開発した食事パンなど、この本には僕がつくってきたパンのルセットをそのままのかたちで載せています。
　毎日自分の手でつくり続けているパンに加え、この本のために新たに開発したレシピもいくつか紹介していますが、どのパンにも共通して言えるのは、生地のおいしさを第一に考えたアイテムだということ。
　なかには、一般的な製パン法とは異なるつくり方をしているものもありますが、けっして斬新さを狙ったわけではなく、めざすおいしさを実現するために必要な作業を行った結果、たどり着いたのがこれらのルセットです。
　パンづくりの工程を紹介するページでは、「なぜそうするのか」「どうしてこの工程が必要なのか」を、できるだけわかりやすく解説しています。ルセットの気になる部分をぜひ参考にしていただいて、皆さんのパンづくりのお役に立てていただけたらうれしいです。

榎本 哲

生地自体をシンプルに、おいしく食べさせたい

　つくりたいパンを、つくりたい形に焼き、お客さまに喜んでもらうことで店が成り立つ。そういうパン屋をやりたくて、2017年9月に「パン デ フィロゾフ」を開きました。だから、この店で提供するパンは、バゲットやパン・ド・ロデヴ、リュスティックなど、僕がつくりたいハード系パンが中心。新作はもちろん、これまで考えたルセットも、粉の種類や配合を見直し、納得のいく状態に仕上がったパンだけを店頭に並べています。

　生地のおいしさを追求したいから、本当は得意だけれど、デニッシュは出しません。フルーツのおいしさを楽しむなら、そのまま食べるのが一番だと思うし、ケーキやタルトだってありますから。副材料のおいしさで食べさせるアイテムをパン デ フィロゾフで提供する必要はないと僕は考えています。いつか、フルーツと合わせることに意味のある生地をつくりたくなる日が来るかもしれませんが、今はとにかく生地自体をシンプルに、おいしく食べさせたい。そう考えてパンづくりを続けています。

　天才肌ではないので、僕はこれまでコツコツと製パンの知識や技術を身に付けてきました。僕が今、思い描いたパンを自由につくれているのは、イメージしたパンを具現化するのに必要な知識や技術を吸収し、蓄積してきたからだと言えるでしょう。

　今まで自分のものにしてきた知識は、すべて頭の中の引き出しに入っているので、新しいパンのイメージが思い浮かんだら、必要な情報を引き出しから取り出し、それを組み合わせてルセットを構築。「この味、この食感を表現したい」というイメージをしっかり頭に浮かべ、そこから逆算して必要な素材や工程をセレクトし、検証・調整を重ねて完成へもっていくのが、いつもの僕のやり方です。

パン デ フィロゾフの パンづくり

　めざすイメージをかたちにしていくうえで、大切なのはさまざまな味を実際に体験し、自分にとっての「おいしさ」を明確に知ること。「おいしさ」のイメージをしっかりもっていないと、それを表現することはできませんから、いろいろな料理やお酒を味わったり、旅先で見つけた素材を使って料理をつくったり。僕自身もつねに新しい味覚を体験し、その情報をインプットするようにしています。

　意外な素材の組み合わせ方や効果的な香りの使い方、テクスチャーの面白い表現法など、これまでも料理からはさまざまなヒントを得てきました。たとえば、スペシャリテの1つ「ル・ヴィニュロン」[P070]のルセットは、「ドミニク・サブロン」時代にレストランのシェフから依頼され、ジビエやフォワグラ、トリュフに合わせるパンとして考案し、開業時にアップデートしたもの。自家製酵母種に使用するレーズンと生地に練り込むワインのブドウの系統を合わせるアイデアは、テロワールや風味の相性を考慮して素材を組み合わせる料理の考え方を取り入れたものです。

　料理からは今まで数多くの着想を得てきましたが、レストランの料理と違い、ベーカリーのパンにはベストな状態で食べてもらうのが難しいという弱みがあります。それでも、できたての一番おいしい状態で料理を食べた時と同じくらいの衝撃をパンで与えたい。それが、僕の目標の1つ。

　酵母種や発酵による旨味や食感、粉が生む甘味、深みなど、パンにはパンでなければ表現できない世界がありますから、そこにさらに磨きをかけて「おいしさ」を追求。自由なパンづくりができるこの環境で、唯一無二の「パン デ フィロゾフのパン」をつくり続けていこうと思っています。

もくじ

はじめに　　3
パン デ フィロゾフのパンづくり　　4
レシピを読む前に　　9
思い描く味、食感を正確に表現するために　　10
パン デ フィロゾフで使用している13種の粉　　12
リュスティックはリトマス試験紙　　14

chapter 1 リュスティック

リュスティック　　16
柚子のリュスティック　　22/178
渋皮マロンとほうじ茶のリュスティック　　23/179
北海道産とうもろこしのリュスティック　　24/180
グリーンオリーブのチャバタ　　25/181

chapter 2 バゲット

アルファバゲット　　28
バゲット・トラディショナル　　34
バゲット・オリゼー　　40
バゲット・ジ・コンプレット　　46
大納言　　52/182
オリーブ・エ・フロマージュ　　54/183

*頁数が2つ記載されている場合は、左がパンの写真、右がレシピの掲載頁です。

chapter 3 合わせる食事をイメージして

ポミエ	58
パン・ド・ロデヴ	64
ル・ヴィニュロン	70
出汁のパン	76
セーグル・アン・ローズ	82
アベイ・ド・ベロックとブランデーレーズン	88/184
ロデヴ・フレーズ	89/185
ロデヴ・デテ	90/186
ロデヴ・ドゥ・メリメロ	91/187
セーグル・フリュイ	92/188
ポティロン	93/189

chapter 4 クロワッサン

クロワッサン	96
パン・オ・ショコラ	102/190
パルミエ	103/191
バトン・シュクレ	104/192
バトン・サレ	105/193
鶏肉と根菜のキッシュ	106/194
シャルキュトリーとカマンベールチーズのキッシュ	107/195

chapter 5 レストラン向けのパン

ORI (オリ)	114
ビーツのパン	120
フォカッチャ	126
パン・ドゥ・フイユ	132/196

chapter 6 デュラム小麦のパン

チェリートマトとマンダリンオレンジ、フィセル・ドゥ・ジャンヴル	138

chapter
7 食パン

アサマ山食パン 148
ロンバルディア 154
パン・ド・ミ・ショコラ 160/197

chapter
8 ブリオッシュ

湯種のブリオッシュ 162
マリーゴールドとマンゴーのブリオッシュ 168/198
トリュフブリオッシュ 169/199

chapter
9 シュトーレン

シュトーレン 170
シュトーレン・ショコラ・ド・ネージュ 176/200

パン職人になるということ 94
パン デ フィロゾフの店づくり 108
ビストロ「ドゥ フイユ」のこと 134
人を育てるということ 202

取材・執筆　諸隈のぞみ
校正　　　　大畑 加代子
撮影　　　　砺波周平
デザイン　　芝 晶子（文京図案室）

レシピを読む前に

・配合量は、ベーカーズパーセントと重量を併記しました。ベーカーズパーセントの数値は、粉（小麦粉、ライ麦粉など）の合計量を100％とした時の比率を表します。

・小麦粉やライ麦粉は、同じ銘柄のものでも、ロットや時期によって状態が変わることがあります。粉の状態に合わせて、配合や水分量を適宜調整してください。

・レシピ中に「室温」と表記されている場合は、25℃前後を意味します。

・生地を扱う時は、必要に応じて手に小麦粉（手粉）を付けたり、生地や作業台に小麦粉（打ち粉）をふったりしてください。本書では、とくに記述がない場合、手粉や打ち粉には基本的に強力粉を使用しています。

・発酵やベンチタイムなど生地をしばらくおく際は、適宜、ビニールシートでおおったり、ばんじゅうに入れてふたをするなどしてください。

・ミキシングの速度や時間、発酵、ベンチタイム、焼成の温度や時間は、生地の量、厨房の温度や湿度、ミキサーやオーブンの機種によって変わります。本書の数値はあくまでも目安です。適宜調整してください。

思い描く味、食感を正確に表現するために

　新しいルセットをつくる時、僕はまず、パンの完成形をイメージします。つくりたい味や食感、形を明確に思い描くことができるのは、さまざまな経験をとおして蓄積してきたデータが、僕の頭の中の引き出しにインプットされているから。完成形をイメージした後は、そこから逆算して必要な情報を引き出しから取り出し、配合や工程を組み立てて検証。調整を重ねて完成させていくのが、僕のパンづくりのいつもの流れです。

　たとえば、湯種を加えてつくる「アルファバゲット」[P028]は十数年前、「俺のベーカリー＆カフェ」のプロデューサーとして食パンを開発した時の知識と経験が発想のもととなったアイテム。当時、お湯の温度や分量を変え、60パターンほど湯種を仕込んで実験をくり返すうちに、「湯種に塩と酵母種を加えて発酵させたら、シュー生地みたいなクラストになって面白いのでは」と思いつき、湯種を加えてつくるバゲットのルセットを考案。狙ったとおりのクシュッとした食感の生地に仕立てました。

　味わい的には、炊きたてのご飯のような甘味のある生地にしたかったので、湯種にすることでクリーミーな甘味がよりいっそう際立つキタノカオリ100％の「粉粋」（平和製粉）をメインに。それだけでは風味がやや単調になるため、旨味成分の多いアリューロン層の残し方が絶妙な石臼挽き粉「グリストミル」（ニップン）を配合。キタノカオリの風味を生かしつつ、味に深みをもたせました。製法も完成形のイメー

ジから逆算し、120分のオートリーズで複雑な甘味を引き出したのち、低温長時間発酵で生地を熟成。発酵による旨味とアルファ化した小麦デンプンの甘味がしっかりと感じられるバゲットに仕上げました。

　当時、バゲットに湯種を使っている人はほかにいませんでしたが、けっして斬新さを狙ったわけではなく、あくまでもイメージした味、食感を実現するための要素の1つが湯種だったということ。逆に、一般的には定番となっている素材や広く行われている作業でも、完成形に至る過程でかならずしも必要ではないと判断した場合や、削ったほうがよりおいしいものになると思った場合は、そうした要素を省いてルセットを構築しています。

　一例を挙げれば、「クロワッサン」[P096]。生地を折り込む際、生地とバターを重ねた状態で一度シーターにかけ、3つ折り×4つ折り×3つ折りでバターが24層になるように折り込むのが僕のやり方。風呂敷包みや観音包みにして折り込むと端にバターの入らない部分ができて、バター自体の状態も確認できなくなるため、ベストな状態のバターをできるだけ全体にいきわたらせるために、僕はこの方法をとっています。

　バターが24層になる折り数を選んだのは、やや厚めの生地とバターの風味をバランスよく調和させ、外側はサクッと軽く、中はしっとりとした食感に仕上げるため。折り込み生地はこれまで8層から3×4×4×3層まで試したことがあるので、そのなかからめざす完成形にたどり着くためにもっとも適した折り数を選択。さらに実現したい味、食感にふさわしい材料を選び、工程を組んでつくり上げたのが、パンデフィロゾフのクロワッサンです。

　僕がつくるクロワッサンは、これ以上入れたら味のバランスがくずれるというギリギリのラインまで塩と砂糖を加え、ガツンと印象に残るインパクトのある味に仕上げているのも特徴の1つ。常識にとらわれず、自分が求める「おいしさ」を第一に考えて最適解を見つけていくアプローチは、ほかのパンでも同様です。自分のなかの「おいしさ」の基準を忠実に守り、妥協することなくかたちにする。それが僕のパンづくりのスタンダードと言えるかもしれません。

粉の色を見る

　僕は粉のもつ特徴を、タンパク値や灰分だけではなく、「色」のイメージでざっくりと分類しています。イメージする色は「白」「灰」「黄」「茶」の4種類。「白」はさっぱりとしていてボリューム感が出る粉、「灰」はミネラル分が多く味に深みが出る粉。「黄」は甘味と香りの強い粉、「茶」は素朴な風味や雑味のある粉というイメージです。僕は、なかでもクリーミーな甘味がある「黄」系の粉が好きで、バゲットやリュスティック、クロワッサンなど、さまざまなアイテムにメインの粉として使っています。一方、「白」は食パンやブリオッシュ、「灰」と「茶」はパン・ド・ロデヴなどのハード系パンに欠かせない粉。「灰」はライ麦パン、「茶」は全粒粉パンの主役にもなる粉です。この色のイメージは実際の粉の色に味のイメージをちょっとプラスした感じですね。見た目では区別がつかない粉もありますが、水で練るとよりはっきりと色の違いがわかると思います。

　傾向としては、灰分値が高いと「灰」や「茶」、低いと「白」や「黄」寄りになり、「白」や「灰」に比べると「黄」「茶」は甘味が濃いといった特性があります。ただし、あくまでもイメージなので、色と風味の強度はかならずしもイコールではありません。また、粉の特徴を生かし、効果的に使い分けるには、味だけでなく、香り、食感、吸水、グルテンやデンプンの質など、さまざまな観点から総合的に判断する必要があります。色のイメージは、そうした判断材料の1つ。粉のもち味を色のイメージで分類することで、どんな役割を果たす粉なのかを把握しやすくなりますし、今、使っている粉にはどんな傾向の粉が多いのか、どういう粉をどういう時に使うことが多いのかを確認するのにも役立ちます。

灰分値が高めで、甘味や香りが強い石臼挽き粉系。味や香りに深みを出すために配合することが多い。

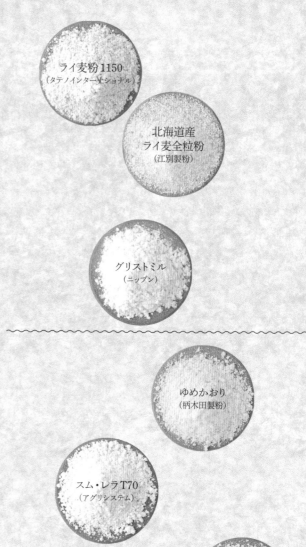

ライ麦粉1150
（タテノインターナショナル）

北海道産
ライ麦全粒粉
（江別製粉）

グリストミル
（ニップン）

ゆめかおり
（柄木田製粉）

スム・レラT70
（アグリシステム）

キタノカオリ
全粒粉
（アグリシステム）

穀物特有の香り、雑味、素朴な甘味が感じられる石臼挽き粉や全粒粉系。味に深みを出したい時に用いる。

パン デ フィロゾフで使用している13種の粉

白

クセがなく、すっきりとした味で、ほかの素材の邪魔をしない。おもに骨格形成、タンパク値の調整に使用。

ドルフィン
(日東富士製粉)

D-1
(日東富士製粉)

白

ドルフィン(日東富士製粉)
タンパク質12.4%、灰分0.37% ‖ カナダ産小麦を使用した強力粉。クセがなく、すっきりとした風味。リッチな配合でボリュームを出したいブリオッシュなどに使用。

D-1(日東富士製粉)
タンパク質7.9%、灰分0.4% ‖ 群馬県産の麺用小麦さとのそらを使用した中力系麺用粉。もちもち、ねっちりとした食感を出すためアサマ山食パンに使用。

灰

ライ麦粉1150(タテノインターナショナル)
タンパク質9.0%、灰分1.1～1.3% ‖ 粒子が細かく、しっとりなめらかな食感になるドイツ産ライ麦粉。生地に適度な雑味を加えたい時、引きを抑えたい時などに使用。

北海道産ライ麦全粒粉(江別製粉)
タンパク質8.0%、灰分1.6% ‖ 粗挽きタイプのライ麦全粒粉。発酵力が強く、サワー種の種起こしに使うときれいな酸味の元気な種になる。ライ麦パンの生地にも使用。

グリストミル(ニップン)
タンパク質13.5±1.0%、灰分0.95±1.0% ‖ カナダ産小麦をゆっくり石臼で製粉。甘味、旨味、適度な雑味がありボリュームも出る、ハード系パンに欠かせない粉。

黄

ジュ・フランソワ(星野物産)
タンパク質12.4%、灰分0.48% ‖ 麺用小麦のさとのそらなど、群馬県産小麦をブレンド。味わいが濃く、もちもち感が出る粉。クロワッサンやアサマ山食パンに使用。

粉粋(平和製粉)
タンパク質12.5%、灰分0.5% ‖ 北海道産キタノカオリ100%。粒度が粗めで小麦デンプンの甘味がしっかり感じられる。リュスティックやアルファバゲットなどに使用。

シャントゥール(日東富士製粉)
タンパク質9.0%、灰分0.45% ‖ 雑味が少なく、きれいな甘味が感じられるフランス産小麦粉。香り、食感も心地よい。バゲット、クロワッサンなどに使用。

ソティール(日東富士製粉)
タンパク質14.6%、灰分0.76% ‖ 甘味が強く、もっちりとした食感がありながら歯切れよく仕上がるデュラム小麦粉。フォカッチャなどに使用する。

ロイヤルストーンTYPE-F キタノカオリ(横山製粉)
タンパク質11.5%、灰分0.75% ‖ 北海道産キタノカオリ100%の石臼挽き粉。粒度が細かく、ほどよい雑味がある。甘味＋雑味を補うため、リュスティックに使用。

茶

ゆめかおり(柄木田製粉)
タンパク質11.5%（10.0%以上）、灰分0.95±0.2% ‖ 長野県産強力小麦ゆめかおり100%の石臼挽き粉。地粉を使って骨格をつくる目的で、アサマ山食パンに配合している。

スム・レラT70(アグリシステム)
タンパク質10.4%、灰分0.79% ‖ 北海道産ホクシンを100%使用した石臼挽き粉。素朴さを感じる甘味、香り、ほどよい雑味がある。ハード系パンの風味のアクセントに使うことが多い。

キタノカオリ全粒粉(アグリシステム)
タンパク質13.5%、灰分0.97% ‖ 北海道産キタノカオリ100%。石臼挽き全粒粉だが、雑味が少なく、味わいが豊か。バゲット・ジ・コンプレットに使用している。

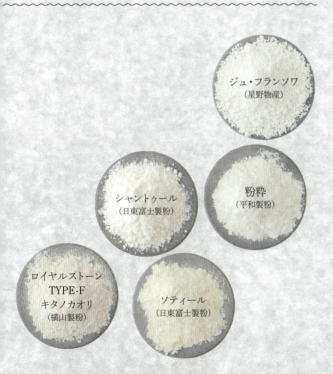

ジュ・フランソワ
(星野物産)

シャントゥール
(日東富士製粉)

粉粋
(平和製粉)

ロイヤルストーン
TYPE-F
キタノカオリ
(横山製粉)

ソティール
(日東富士製粉)

クリーミーな甘味、ミルキーな味わいを感じる粉。味、香りともに気に入っており、使用頻度が高い。

リュスティックはリトマス試験紙

　粉と水と酵母種を混ぜてパンチでつなぎ、切りっぱなしの状態で焼き上げるリュスティックは、工程が非常にシンプルなパン。バゲットに比べて丸めや成形など、テクニカルな要素が生地にもたらす影響が少ないぶん、粉の特徴がストレートに出るアイテムです。そのため、新しい粉に出合った際、僕はかならずリュスティックを焼いて、粉の特徴をチェックするようにしています。

　粉のテスト時には、ベーシックなレシピでリュスティックを焼き、水を加えた時の色みやグルテンの質、吸水の入り方、焼成により生まれる味や香りの特徴などを細かく確認。この粉は長時間発酵させたほうが味がのりそうだ、長めにミキシングしてガスを保持すると口溶けがよくなるだろう、といった粉のもつポテンシャルを総合的に判断し、データを頭の中の引き出しに収納していきます。

　新しいルセット用に粉を選ぶ際は、「こういうアイテムをつくりたいから、あの粉をメインに使おう」と、そのつど引き出しの中のデータを検索し、もっとも適した粉をセレクト。たとえば、パン デ フィロゾフで提供している「リュスティック」[P016]の場合は、粉の甘味と田舎パンらしい素朴さが感じられる生地に仕上げたかったので、小麦デンプンのきれいな甘味が感じられ、吸水力が高くもっちり感がありながら、さくみも出せるキタノカオリ100％の「粉粋」（平和製粉）を選択。それだけではすっきりクリアな風味になりすぎるため、同じキタノカオリ100％でより味が濃く、粒度が細かくてほどよい雑味がある石臼挽き粉「ロイヤルストーン TYPE-F キタノカオリ」（横山製粉）をブレンド。さらに、ライ麦粉を少量加えて、引きを弱めるとともに、しっとり感とライ麦独特のこうばしい香りを添えて、めざす味わいのリュスティックに仕立てました。

　つくり方はシンプルだけれど味わい深く、粉のもち味をナチュラルに表現できるリュスティックは、僕の好きなパンの1つ。配合次第で無限に味を表現でき、バリエーションを広げやすいのも魅力です。

　パン デ フィロゾフで提供しているリュスティックは、どんな副素材にも合うオールマイティーな生地なので、プレーンに加えて、夏はトウモロコシ、秋は渋皮マロンとほうじ茶など、旬の素材でつくる季節限定品もシーズンごとに用意し、好評を得ています。

chapter 1

リュスティック

薄いクラストに、みずみずしいクラム。
かむほどに粉の甘味が広がる、オールマイティーなパン

　つくり方がシンプルなリュスティックは、粉のポテンシャルを一番ナチュラルに味わえるパン。どんな粉でもつくることができますが、パン デ フィロゾフではキタノカオリならではのきれいな甘味が際立つ「粉粋」と、同じくキタノカオリ100%で灰分が高めの

石臼挽き粉「ロイヤルストーン TYPE-F キタノカオリ」をメインに使用。ライ麦粉を加えて引きを弱め、パンチで生地をつないで、中はみずみずしく、皮は薄く歯切れのよいパンに仕上げています。
　おにぎりみたいに包容力のある生地なの

で、バリエーションは無限大。ドライフルーツやナッツはもちろん、焼肉、サバ缶、キンピラゴボウなど、何を合わせてもおいしくまとまります。ただし、パイナップルやエビなどタンパク質分解酵素を含む素材は、グルテン組織を壊してしまうので要注意です。

016

| 粉粋 50% 黄 | × | TYPE-F ロイヤルストーン キタノカオリ 45% 黄 | × | ライ麦粉1150 5% 灰 |

材料（24個分・下記より3950g使用）

国産強力粉（平和製粉「粉粋」）
　……50%／2000g
国産石臼挽き全粒粉
　（横山製粉「ロイヤルストーンTYPE-F キタノカオリ」）……45%／1800g
ドイツ産石臼挽きライ麦粉
　（タテノインターナショナル「ライ麦粉1150」）
　……5%／200g
塩……2.3%／92g
モルト水*……1%／40g
セミドライイースト……0.16%／6.4g
水……約94%／約3760g

*モルト液と水を1:1で合わせたもの。

工程

ミキシング
　塩、モルト水、水の一部を混ぜ、ミキサーボウルに投入
　↓
　水、粉、セミドライイーストを投入
　↓
　低速3分・こね上げ温度20℃

1次発酵・パンチ
　28℃・湿度75%・30分
　↓
　パンチ
　↓
　28℃・湿度75%・30分
　↓
　パンチ
　↓
　28℃・湿度75%・3時間

前成形
　2つ折り2回
　↓
　室温・15分
　↓
　天地を返す
　↓
　室温・15分

分割
　150g・正方形

焼成
　クープ2本
　↓
　上火263℃・下火240℃・蒸気1秒×2〜3回・23分

ミキシング

1 ボウルに塩とモルト水、水の一部を合わせて泡立て器で混ぜ、ミキサーボウルに入れる。ミキシング時間が短いため、塩に水分を加えて先に溶かしておく。

2 水、粉、セミドライイーストを加え、低速で3分ミキシングする。こね上げ温度は20℃。パンチと時間でつないでいく生地のため、この段階では持ち上げるとどろりと落ちる状態。

1次発酵・パンチ

3 内径36cmのボウルに生地を移し、28℃・湿度75%のドウコンに30分置く。写真は発酵前の生地。

4 1回目のパンチを行う。カードでボウルの奥から生地を手前まで引っ張りながら折り返す。ボウルを3周ほど回転させながら、生地を引っ張る作業をくり返す。1周目、2周目で徐々に生地に引きが出て、3周目になると手が重く感じるようになる。ドウコンに戻し、30分おく。

5 2回目のパンチを同様に行ったのち、ドウコンに戻して3時間おく。表面に気泡がいくつか見えるようになれば発酵終了。パンチを2回行った後、10〜12℃で1晩冷蔵し、翌朝焼成することも可能。

このレシピは、パンチがミキシングの役割を果たすので、手ごねのイメージで"引き"を出し、生地をつなげていきます。パンチが弱いと詰まった生地になるので、手に抵抗感を感じるまで行ってください。また、リュスティックは1次発酵が重要で、発酵が足りないと詰まった感じになり、発酵させすぎると味がとんでしまいますから、表面に気泡がぶくっといくつか見える程度まで発酵させてください。

前成形

6 板の上にキャンバス地を広げる。キャンバス地と生地に打ち粉をたっぷりふり、キャンバス地の上に生地を移す。四角く形をととのえる。

7 手前から中心まで生地を折り返す。奥からも折り返して2つ折りにし、合わせ目を押さえてとじる。

8　左右から中心に向かって生地を折り返し、2つ折りにする。合わせ目を押さえてとじる。

9　軽く手のひらで押して生地の厚みをととのえ、38×33cm程度の長方形にする。

10　生地の表面に打ち粉をたっぷりふる。キャンバス地をかぶせて室温に15分置く。

11　上に板を重ね、天地を返す。板をはずして室温に15分置く。

分割前にパンチと成形を兼ねた「前成形」を行うことで、生地の強さや厚み、形をととのえ、分割してそのまま焼成できる状態にもっていきます。生地の天地を返すのは、生地にかかる圧力を均一にするため。返さないと生地の気泡が、上部は粗くなり、下は詰まりぎみになって、食感が悪くなります。

分割・成形

12　生地を縦長にして置き、手のひらで軽く全体を押して大きな気泡をつぶす。

13　グルテンの力が弱い生地の端を幅約1cmずつスケッパーで切って、除く。

14 縦に6等分になるよう、印を付ける。印に沿ってスケッパーでカットし、横に4等分にカットする。分割量は約150g。

15 打ち粉をふったキャンバス地でひだをつくり、生地を並べる。休ませると生地が布にくっつき、生地にダメージを与えてしまうため、すぐに焼成する。

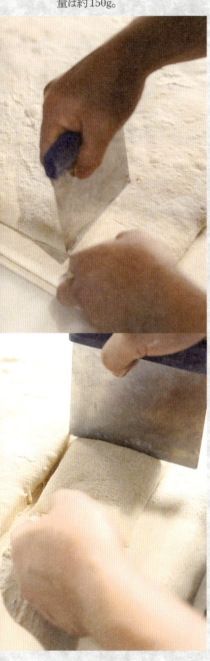

焼成

16 スリップピールに移し、対角線に2本クープを入れる。

17 上火263℃・下火240℃のデッキオーブンに入れ、スチームを1秒ずつ2〜3回入れる。23分焼成する。

バゲットより10℃高めの設定温度で焼くことで、生地を一気に水蒸気の力でもち上げ、はやめに焼き固めてクラストを薄めにします。中はもちもちとした食感に焼き上がります。

リュスティック のバリエーション

柚子のリュスティック

☞ P178

日本を代表する柑橘、ユズのさわやかな風味が広がる冬限定のリュスティック。ユズの皮の黄色い部分だけをせん切りにし、シロップで煮るのに手間がかかりますが、市販のユズピールでは出せない、フレッシュな香りと豊かな味わいが好きで、毎年つくっています。ユズの苦味が強い時は、水から煮てゆでこぼしてからシロップ煮にすると食べやすくなります。

リュスティック のバリエーション

渋皮マロンとほうじ茶のリュスティック
☞ P179

リュスティックのバリエーションのなかで一番人気がこのアイテム。神楽坂のお茶屋さん「楽山」のほうじ茶を自店で挽き、渋皮栗の蜜煮と一緒に練り込んでいます。秋限定のメニューとして栗を使おうと考え、店頭で焙じている楽山さんのほうじ茶を合わせることにしました。生地が少し甘めのほうがおいしいので、渋皮栗のシロップを少量加えています。

リュスティック のバリエーション

北海道産とうもろこしのリュスティック

☞ P180

トウモロコシの甘味を生かした夏限定のリュスティック。食感と甘さを楽しんでもらうため、粉対比30％の冷凍トウモロコシを使用し、こうばしく炒めて塩、コショウで調味。これをベースの生地に練り込んで焼き上げます。今回は塩・コショウ仕立てにしましたが、夏祭りの屋台を思わせる焦がし醤油味のトウモロコシを加えるバージョンもおいしいですよ。

リュスティック のバリエーション

グリーンオリーブのチャバタ

☞ P181

もともとはレストランのランチボックス用に考えたレシピです。グリーンオリーブを練り込み、四角く成形して焼いた形状的なイメージから「チャバタ」という商品名で提供しています。成形を行うぶん、切りっぱなしのリュスティックに比べて生地がよりつながり、もちっとした食感に。大ぶりに焼くことで、中はしっとり、外はサクッとした食感が楽しめます。

chapter 2

バゲット

アルファバゲット

おかゆみたいにしっとりとして甘味のあるクラム、薄くパリッとしたクラスト。
湯種を入れて、シュー生地のようにクシュッとした食感に

　湯種を使ってバゲットをつくったら、ハード系なのにしっかり甘く、シュー生地みたいな食感のパンになって面白いのでは。湯種仕込みの食パンを開発している時に浮かんだ、そんな発想から生まれたのがアルファバゲットです。

　このバゲットで味わってほしいのは、アルファ化した小麦デンプンの甘味と、クラムのおかゆのような口あたりやクラストのクシュッとした食感。狙いどおりの風味、食感を実現するため、粉は甘味豊かなキタノカオリをメインに。オートリーズを2時間とって生地をほどよくつなぎ、デンプンの分解酵素を活性化。さらに、低温長時間発酵で小麦粉の旨味を引き出しました。炊きたてのご飯のような甘味やもちもち感のあるアルファバゲットは、米文化の日本ならではのバゲットと言えるかもしれません。

粉粋 黄 70% × グリストミル 灰 30%

材料（68本分）

湯種
- 国産強力粉（平和製粉「粉粋」）……20％／1600g
- 熱湯……40％／3200g

本ごね
- 国産強力粉（平和製粉「粉粋」）……50％／4000g
- 石臼挽き強力粉（ニップン「グリストミル」）……30％／2400g
- 水……62％／4960g
- モルト水*……1％／80g
- セミドライイースト……0.16％／12.8g
- 塩……2.2％／176g

＊ モルト液と水を1:1で合わせたもの。

工程

湯種をつくる
ミキサーボウルに粉と熱湯を投入→低速3分・中速1分・こね上げ温度約70℃
↓
3～5℃の冷蔵庫で1晩冷蔵

ミキシング・オートリーズ
ミキサーボウルに水、モルト水、粉を投入→低速3分
↓
オートリーズ（19～21℃・湿度75％・2時間）
↓
セミドライイースト、塩、湯種を投入→低速3分・中速3分・中高速3分・こね上げ温度20～22℃

フロアタイム
20℃・湿度75％・30分
↓
パンチ

冷蔵発酵
7℃・湿度85％・13時間～20時間

復温・分割
240g

前成形
俵形

ベンチタイム
室温・10～15分

成形
バゲット形（長さ34cm）

最終発酵
17～18℃・湿度80％・1時間～1時間30分

焼成
クープ1本
↓
上火245℃・下火230℃・蒸気1秒×3回・20分→前後を入れ替える→上火245℃・下火230℃・3～5分

湯種をつくる

1 ミキサーボウルに小麦粉と熱湯を入れ、低速で3分、中速で1分こねる。こね上げ温度は約70℃。

水分量は粉の約2.5倍まで入るのですが、お湯の分量が多くなると湯種の温度が上がり、品質のコントロールが難しくなるので、安定して使える粉1：湯2の割合にしています。

試作の際に、こね上げ温度は50～70℃で段階的に設定して湯温を変えて試しました。仕上がりを60℃程度にしたほうが甘味は出ますが、水分が入らない。高温のほうが小麦のデンプンがしっかりアルファ化され、水分がより入るので、熱湯を加えて70℃くらいに仕上げています。

2 こね上げた湯種はラップフィルムで包み、粗熱をとってから3～5℃の冷蔵庫で保存。翌日使用する。1晩おくことで水分がなじみ、状態が安定する。塩などを含まない湯種は腐敗がはやいので、翌日中に使い切る。

ミキシング・オートリーズ

3 ミキサーボウルに水、モルト水、小麦粉を投入し、低速で3分ミキシング。ばんじゅうに移し、夏は19℃、冬は21℃程度・湿度75％のドウコンで2時間オートリーズをとる。

オートリーズを長くとるのは水和を進めることと、生地をゆるめてなめらかにすること、小麦の酵素を活性化して甘味を引き出すことが狙い。1時間では引きが強い状態ですが、2時間おくことで水がいきわたり、締まっていたグルテンがゆるんでスッと伸びるようになります。ドウコンの温度は、最終的なこね上げ温度を20～22℃にまでもっていくために、季節によって調整します。

オートリーズ前　　　　　　　　　　　　オートリーズ後

4 オートリーズをとった生地をミキサーボウルに戻し、セミドライイースト、塩、湯種を投入し、低速で3分ミキシング。ボウルに付いた生地をはらい、さらに中速で3分、中高速で3分ミキシングする。こね上げ温度は20〜22℃。オートリーズを2時間とることで、このミキシング時間でも生地がつながってスッとのびる状態になる。また、こね上げ温度が低い場合は、30分ほど室温に置いてから冷蔵発酵をとる。
<u>吸水が多い生地で味がぼやけるので、通常のバゲットよりも0.1%塩の配合を増やしています。</u>

フロアタイム・パンチ

5 48×37×高さ14cmの容器に2分の1量ずつ生地を入れ、20℃・湿度75%のドウコンに30分置く。
<u>室温だと生地が乾燥し、表面の生地温度が下がって、部分的に発酵状態にばらつきが出るので、ドウコンに入れています。</u>

6 パンチを行う。水分が多くベタつきやすい生地なので、生地と作業台に多めに打ち粉をふり、生地を作業台に移す。

こね上げ直後

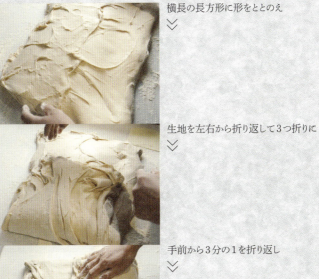

横長の長方形に形をととのえ
▽
生地を左右から折り返して3つ折りに
▽
手前から3分の1を折り返し
▽

手前から奥に向かってクルッと回転させる

合わせ目を下にして容器に戻す

パンチをするのは、生地をつないでボリュームを出し、火抜けをよくして軽い食感に仕上げるため。たたんでグルテンをととのえることで、ガスの保持力が高まり、コシが出ます。これは僕の好みでもありますが、皮は軽いほうがいい。ボリュームが出るとクラストが薄くなるので、うちではどのバゲットも比較的しっかり生地をつなげています。

冷蔵発酵

7 ビニールシートをかぶせ、7℃・湿度85%のドウコンで13時間〜20時間発酵させる。つねに同じ発酵箱に同じ量の生地を入れて発酵をとり、膨張率で発酵度合いを判断。生地が2.5倍に膨らんだら発酵終了。

<u>発酵の時間幅が狭い工程だと、段取りが10分ずれるだけで品質がブレます。冷蔵オーバーナイトであれば7時間の幅をもてる。店の状態を見ながら、コンスタントな品質のパンを出せるため、幅がきく温度に設定しています。</u>

発酵前

発酵後

復温・分割

8 生地の中心温度が12℃程度になるまで室温に置いて復温する。生地と作業台にたっぷり打ち粉をふり、生地を作業台に移す。生地を四角くととのえ、スケッパーで細長くカットしたのち、240gの長方形にカット。水分が多い生地は傷つくと余計にベタつくので、できるだけスパッと一回で切り分ける。

前成形

9 生地の形をととのえ、手前から3分の1折り返し、そのままクルッと奥に回転させ、俵形に丸める。ベタついてあれやすい生地なので、生地が破れたり、切れたりしないようにふわっとまとめる。

ベンチタイム

10 ばんじゅうに並べ、ふたをして室温で10〜15分休ませる。

成形

11 合わせ目を上にして生地を置き、手前から奥に2つ折りにする。手のひらでたたいてガスを抜く。大きい気泡を残すと焼成後、内相に大きな穴があくので、しっかりたたいてガスを抜くこと。

奥から手前に3分の1折り返し、指先で合わせ目をしっかり押さえる

奥から2つ折りにして、手の付け根で合わせ目をしっかり押さえてとじる

両手で前後に転がし、長さ34cmの棒状に成形。キャンバス地のひだで仕切って並べる

<u>水分が多いため、生地がゆるみすぎているとダレて横に広がり、ボリュームのないパンになるので、通常のバゲットよりちょっと強めに成形。しっかりガスを抜いています。34cmよりも長いと、バゲット自体のやわらかさから、くたっとしてしまって立ててディスプレーできないんです。価格を抑えられるのも短めにしている理由の1つです。</u>

最終発酵

12 18℃（夏場は17℃）・湿度80%のドウコンで1時間～1時間30分発酵をとる。発酵後は生地がゆるみ、全体が3mmほど膨らんでいる。キャンバス地に生地がくっつくのはゆるみすぎた状態。

発酵前

発酵後

焼成

13 スリップピールに生地を移し、中心にクープを1本入れる。

ベタベタして引っかかり、薄く何本もクープを入れることはできないので、中心に1本入れています。1本にすることでしっかりクープが開き、ボリュームも出やすくなります。

14 上火245℃・下火230℃のデッキオーブンに入れ、通常のバゲットよりもスチームは多めに、1秒ずつ3回入れる。

15 20分焼成後、前後を入れ替えてさらに3～5分焼く。焼き色が付きやすいので注意。

デンプンが糖化しているため、メイラード反応がはやく起こり、表面は色が付きやすいのですが、炉床と接している面は色が付きにくい。きれいな焼き色が付かないとサクッとした食感にならないため、側面の色を確認しながら焼き上げていきます。

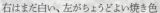

右はまだ白い、左がちょうどよい焼き色

バゲット・トラディショナル

甘味、香りの豊かな粉を低温長時間発酵。
「おいしいバゲット」をかたちにした、スタンダードな1品

　低温長時間発酵でフランス産小麦の甘味を引き出したバゲット・トラディショナルは、変化球的なアイテムが多いパン デ フィロゾフのなかでは、ベーシックな部類に入ります。イメージしたのは、みんなが思う「おいしいバゲット」。当店には個性的なバゲットはすでにあるので、それとは違う、どんな料理にも合うスタンダードなバゲットをつくろうと考えました。

　配合は、きれいな甘味、香りのあるフランス産小麦粉「シャントゥール」をメインに、石臼挽き粉「グリストミル」でほどよい雑味とボリューム感をプラス。クラムもクラストもバランスよくおいしく味わえるよう、しっかりとグルテンをつなぎ、比較的ボリュームのある内相に仕上げています。歯切れがよく、食べやすいのでお好きな料理と一緒に。サンドイッチにするのもおすすめです。

シャントゥール 黄 60% × グリストミル 灰 40%

材料（40本分）

フランス産準強力粉
　（日東富士製粉「シャントゥール」）
　……60%／4800g
石臼挽き強力粉（ニップン「グリストミル」）
　……40%／3200g
セミドライイースト……0.16%／12.8g
塩……2.1%／168g
モルト水*……1%／80g
水……81%／6480g

＊モルト液と水を1:1で合わせたもの。

工程

ミキシング・オートリーズ
　ミキサーボウルに、水、モルト水、粉を投入
　↓
　低速3分
　↓
　オートリーズ（20℃・湿度80%・2時間）
　↓
　セミドライイースト、塩を投入
　↓
　低速3分・中速3分・中高速1〜2分・
　こね上げ温度20℃

1次発酵・パンチ
　20℃・湿度85%・30分
　↓
　パンチ
　↓
　7℃・15時間〜20時間

分割・前成形
　350g・棒状

ベンチタイム
　室温・10分

成形
　バゲット形（長さ45cm）

最終発酵
　18℃・湿度75%・1時間〜1時間15分

焼成
　クープ6本
　↓
　上火250℃・下火230℃・蒸気1秒×2回・
　23分

ミキシング・オートリーズ

1　ミキサーボウルに水、モルト水、小麦粉を入れ、低速で3分撹拌する。

2　容器に移し、20℃・湿度80%のドウコンに2時間置く。オートリーズ後は粉に水がいきわたり、引っ張るとスーッとのびる状態になる。

オートリーズ前

オートリーズ後

オートリーズは15〜30分程度が一般的だと思いますが、うちではほとんどの生地で2時間とっています。その目的は、水和を進めて無駄なミキシングを抑え、粉の旨味を引き出すため。さらに、スーッとのびる状態にしてから本ごねすることにより、生地の伸展性が増し、ボリュームのある生地に仕上がるんです。1時間おいただけではまだ引きが強く、スーッとのびる状態にするには、やはり2時間必要ですね。

3 ミキサーボウルにオートリーズ後の生地とセミドライイースト、塩を入れる。低速で3分、中速で3分、中高速で1〜2分ミキシング。引っ張ると薄い膜状にのびるようになればミキシング終了。こね上げ温度は20℃。

オートリーズを2時間とって伸展性を高めた生地を、あえてしっかりミキシングするのは、長時間発酵で生地がゆるむから。グルテンをしっかりつないだ後に長時間発酵させることで、ボリューム感のある、食べやすいバゲットに仕上げています。ただし、ミキシングしすぎると味がとんだり、皮が厚くなりすぎたりしますから、つながり具合を確認して、めざすこね上げ状態にもっていってください。

1次発酵・パンチ

4 こね上げた生地を半量ずつに分け、それぞれ容器(48×37×高さ14cm)に入れ、20℃・湿度85%のドウコンに30分置く。

ドウコンに入れる前

5 パンチを行う。生地と作業台に打ち粉をふり、生地を作業台に移す。横長の長方形に形をととのえ、左右から生地を折り返して3つ折りにした後、手前の3分の1を折り返し、さらに手前から奥にクルッと回転させる。

横長の長方形に形をととのえ

⇩

生地を左右から折り返して3つ折りにする

≫

⇩

6 合わせ目を下にして容器に戻す。容器にふたをして7℃のドウコンに入れて1次発酵をとる。発酵時間は15時間〜20時間の間で調整可能。生地の発酵具合を膨張率で確認するため、つねに同じ容器に同じ分量の生地を入れて発酵をとる。

手前から3分の1を折り返し、さらに手前から奥へ向かってクルッと回転させる

発酵前　　　発酵後

分割・前成形

7 生地と作業台に打ち粉をふり、生地を作業台に移す。容器に接していた面には網目状のグルテン組織が見える。

8 生地の形を軽くととのえ、350gの長方形（長辺約18cm）に分割する。
生地に余計な負担をかけたくないので、成形であまりコロコロ転がさなくても狙った長さ（45cm）にもっていけるように、長辺が約18cmの長方形になるように分割します。

9 前成形を行う。生地を横長の長方形にととのえ、手前から3分の1折り返し、さらに奥から生地を折り返して3つ折りにする。合わせ目を指で押さえてとじる。

10 奥から手前に転がして形を棒状にととのえ、合わせ目を下にしてばんじゅうに並べる。

ベンチタイム

11 生地を並べたばんじゅうにふたをして、室温で10分休ませる。

成形

12 生地の合わせ目を上にして作業台に横長に置き、手前から奥に2つ折りにする。軽くたたいて大きな気泡をつぶす。

13 生地を奥から手前に3分の1折り返し、指で生地の端を押さえる。

14 奥から生地を2つ折りにし、合わせ目を手の付け根でしっかり押さえてとじる。

15 生地の中心から外側へ向けて手を移動させながら生地を前後に転がし、長さ45cmにととのえる。目が詰まりやすい生地なので、保持しているガスが抜けないように、表面だけを張らせるように成形するのがポイント。

最終発酵

16 キャンバス地でひだをつくって生地を並べ、18℃・湿度75%のドウコンで1時間〜1時間15分発酵をとる。

発酵前 / 発酵後

クープの角度
クープナイフは刃を垂直に立てた状態から刃を動かす方向に45度傾け、さらに体側に向かって45度傾けた状態が基本の角度。この角度で手前にスッと引くことで、きれいに切り込みが入る。深さは生地により調整。バゲットは深く入れるとガスが抜けて生地が膨らまないため、表面の皮を薄く1枚だけ切るようなイメージで入れる

クープの幅
長さは、前後のクープと3分の1ずつ重なるように入れる。クープどうしの間隔はおおよそ1〜1.5cm

焼成

17 スリップピールに生地を移し、クープを6本入れる。

クラストとクラムの食感のバランスや、見た目のよさを考えて、バゲット・トラディショナルのクープは6本にしています。クラムのおいしさを追求するなら1本クープでもいいし、きれいに開けば4本でも5本でも、味的には問題ありませんが、僕としては約45cmのバゲットには6本が一番しっくりくる感じですね。

18 上火250℃・下火230℃のデッキオーブンに入れ、スチームを1秒ずつ2回入れる。23分焼成する。

この焼き色は浅い
この焼き色が理想

底面と炉床に接している側面にしっかり焼き色が付いたら焼き上がり

039

バゲット・オリゼー

日本固有の麹菌を使って、醬油煎餅のようにこうばしく。
旨味と香り豊かなバゲットに

　「オリゼー」とは、日本の国菌に認定されている麹菌のこと。「日本固有の菌でパンをつくってみたい」「バゲットにしたら、きっと醬油煎餅みたいにこうばしいものになるだろう」。そう考えてつくったのがバゲット・オリゼーです。せっかくなら味のよいものをと、コシヒカリの米麹から麹種を起こして使っています。粉は甘味のある「粉粋」をメインに、素朴感があって米麹の風味に合う「スム・レラT70」、タンパク質分解酵素を含む米麹の影響でゆるみやすい生地の骨格を支えてくれる「グリストミル」を配合しています。

　バゲット・オリゼーは、うちで出している4種類のバゲットのなかで一番クラストがおいしいと思います。醬油っぽい風味があるので、キンピラや煮物など、和食との相性は抜群です。

粉粹 70% 黄 × グリストミル 20% 灰 × スム・レラT70 10% 茶

材料（10本分）

国産強力粉（平和製粉「粉粋」）
……70%／1050g
石臼挽き強力粉（ニップン「グリストミル」）
……20%／300g
北海道産石臼挽き準強力粉
（アグリシステム「スム・レラT70」）
……10%／150g
米麹種*……12%／180g
セミドライイースト……0.17%／2.55g
塩……2.3%／34.5g
水……81%／1215g

* 米麹種の起こし方
ボウルに米麹（目黒麹店「生こうじ」）100g、北海道産石臼挽き準強力粉（アグリシステム「スム・レラT70」）250g、湯（40℃）300gを入れ、ヘラで混ぜる。密閉容器に入れ、28〜30℃の場所に12時間置く。表面に透明な液体が浮くようになったら完成。5℃の冷蔵庫で保存し、2日で使い切る。

工程

ミキシング・オートリーズ
　ミキサーボウルに、水、粉を投入
　↓
　低速3分
　↓
　オートリーズ（20℃・湿度80%・2時間）
　↓
　米麹種、セミドライイースト、塩を投入
　↓
　低速3分・中速3分・こね上げ温度20℃

1次発酵・パンチ
　20℃・湿度85%・30分
　↓
　パンチ
　↓
　7℃・15時間

分割・前成形
　290g・俵形

成形
　アンシエンヌ形（長さ45cm）

最終発酵
　17〜18℃・湿度75%・45分〜1時間

焼成
　クープ3本
　↓
　上火250℃・下火230℃・蒸気1秒×3回・23分

ミキシング・オートリーズ

1. ミキサーボウルに水、小麦粉を入れ、低速で3分撹拌する。

2. ボウルに移し、20℃・湿度80%のドウコンに2時間置く。オートリーズ後は粉に水がいきわたり、引っ張るとスーッとのびる状態になる。

オートリーズ前

オートリーズ後

3 ミキサーボウルにオートリーズ後の生地と米麹種、セミドライイースト、塩を入れ、低速で3分、中速で3分ミキシング。引っ張ると薄い膜状にのびるようになればミキシング終了。こね上げ温度は20℃。

5 パンチを行う。生地と作業台に打ち粉をふり、生地を作業台に移す。横長の長方形に形をととのえ、左右から生地を折り返して3つ折りにした後、手前の3分の1を折り返し、奥にクルッと回転させる。

長方形に形をととのえ

生地を左右から折り返して3つ折りにする
⇩

手前から3分の1を折り返し、さらに手前から奥へ向かってクルッと回転させる
⇩

米麹種を加えるとタンパク質分解酵素の働きで生地がゆるみます。オートリーズの段階で加えるとゆるみすぎてボリュームが出ないため、ミキシング（本ごね）の段階で加えます。

1次発酵・パンチ

4 生地をボウルに移し、20℃・湿度85%のドウコンに30分置く。

6 合わせ目を下にしてボウルに戻す。ボウルにビニールシートをかけ、7℃の冷蔵庫で15時間発酵をとる。

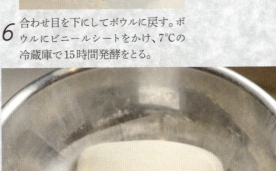

発酵前

発酵後

分割・前成形

7 生地と作業台に打ち粉をふり、生地を作業台に移す。容器に接していた面に網目状のグルテン組織が見える。

8 長方形に形をととのえ、290gの長方形に分割する。

9 縦長になるように生地を置き、奥から2つ折りにして合わせ目を指で押さえる。

10 奥から手前に生地を転がし、俵形に形をととのえる。この時、長さが長すぎるとアンシエンヌ形に成形しづらいため、16cm程度になるようにする。

ほかのバゲットとは異なり、ここではベンチタイムをとりません。米麹種の影響で生地がダレやすいので、力のある状態を保つために、前成形を終えたらすぐに成形します。

成形

11 生地の合わせ目を上にして作業台に横長に置き、手のひらでたたいて平らにする。その後、手前から奥に2つ折りにしてからガスを抜く。

12 奥から手前に生地を3分の1折り返し、指で生地の端を押さえる。

13 奥から生地を2つ折りにし、合わせ目を手の付け根でしっかり押さえてとじる。

14 手のひらで太さを確認しながら転がし、めざす太さになったら左右に手をずらして両端を尖らせ、長さ45cmのアンシエンヌ形にととのえる。この生地はダレやすいため、手ばやく、しっかり張らせるように成形するのがポイント。

アンシエンヌ形に成形するのは、醤油煎餅のようなこうばしさがあるクラスト、旨味のあるクラムの両方をバランスよく食べてもらうため。バゲット・オリゼーは、バゲット・トラディショナルに比べて味が濃いので生地量を少なめにしていますが、この生地量でふつうのバゲット形に成形すると、細くてクラムのおいしさが味わえないパンになってしまいます。そこで、先の尖った形にすることで適度な太さに仕上げ、クラムもしっかり味わえるバゲットにしています。

最終発酵

15 全体に打ち粉をふり、キャンバス地でひだをつくって並べる。17〜18℃・湿度75%のドウコンで45分〜1時間発酵をとる。

発酵前

発酵後

焼成

16 スリップピールに生地を移し、クープを3本入れる。

クープは、4本だとクープ1本ずつの長さが短くなり、蒸気の抜けが弱まって膨らみが小さくなるので、3本にして広めにクープを開かせるようにしています。

17 上火250℃・下火230℃のデッキオーブンに入れ、スチームを1秒ずつ3回入れる。23分焼成する。バゲット・トラディショナルに比べ乾燥気味に焼き上がる生地なので、スチームはバゲット・トラディショナルより1秒長く入れる。焼成温度と時間はバゲット・トラディショナルと同じ。底面と炉床に接している側面にまでしっかり焼き色が付いたら焼き上がり。

バゲット・ジ・コンプレット

甘味豊かで雑味が少ない、キタノカオリ全粒粉の風味を生かした、日本の全粒粉バゲット

　バゲット・ジ・コンプレットの"ジ"は、ジャパンの"ジ"。雑味が少なく、甘味の濃い国産小麦全粒粉のよさを全面的に生かした「日本の全粒粉パン」をつくろうと、考案したパンです。バゲットにしたのは、クラストとクラムのおいしさをバランスよく楽しんでもらうため。中身がたっぷり詰まった丸形やローフ形より、バゲットのほうが全粒粉のこうばしさや甘味が断然際立ちます。
　粉は、ブラウンシュガーを思わせる、素朴な甘味をもつ「キタノカオリ全粒粉」100％。この粉自体がおいしいので、レーズン種のフルーティーな甘さと香りをプラスすることで"やみつきになるおいしさ"に。全粒粉のパンは膨らみにくく食感が重くなりがちなため、加水を多めにして、しっかりミキシングし、水蒸気でボリュームを出して、バゲットらしい内相に仕上げています。

キタノカオリ全粒粉 茶 100%

材料（20本分）

北海道産全粒粉（アグリシステム「キタノカオリ全粒粉」）……100%／3kg
レーズン種*……8%／240g
セミドライイースト……0.12%／3.6g
塩……2.3%／69g
水……91%／2730g

＊レーズン種の起こし方
レーズン1kg、グラニュー糖600g、湯（40℃）2kgを密閉容器に入れ、朝と夕に1回ずつ混ぜて30℃の場所に5日ほど置く。レーズンが浮き、シュワシュワと泡が立ったら漉して汁と具を分け、5℃の冷蔵庫で保存。5日以内に使い切る。

工程

ミキシング・オートリーズ
　ミキサーボウルに、水、レーズン種、粉を投入
　↓
　低速3分
　↓
　オートリーズ（20℃・湿度80%・2時間）
　↓
　セミドライイースト、塩を投入
　↓
　低速3分・中速3分・高速1分・こね上げ温度21℃

1次発酵・パンチ
　20℃・湿度85%・30分
　↓
　パンチ
　↓
　7℃・18時間

分割・前成形
　300g・棒状

ベンチタイム
　室温・10〜15分

成形
　バゲット形（長さ35cm）

最終発酵
　18℃・湿度75%・1時間

焼成
　クープ1本
　↓
　上火250℃・下火230℃・蒸気1秒×3回・24〜25分

ミキシング・オートリーズ

1. ミキサーボウルに水、レーズン種、小麦粉を入れ、低速で3分撹拌する。

2. 容器に移し、20℃・湿度80%のドウコンに2時間置く。オートリーズ後は粉に水がいきわたり、引っ張るとスーッとのびる状態になる。

オートリーズ前

オートリーズ後

3 ミキサーボウルにオートリーズ後の生地とセミドライイースト、塩を入れる。低速で3分、中速で3分、高速で1分ミキシングする。引っ張ると薄い膜状にのびるようになればミキシング終了。こね上げ温度は21℃。

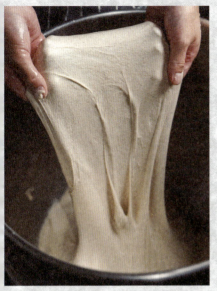

オートリーズを2時間とって伸展性を高めた生地を、あえてしっかりミキシングするのは、長時間発酵で生地がゆるむため。グルテンをしっかりつないでから長時間発酵することで、ボリューム感のある、食べやすいバゲットに仕上げています。

1次発酵・パンチ

4 こね上げた生地を容器(48×37×高さ14cm)に入れ、20℃・湿度85％のドウコンに30分置く。

ドウコンに入れる前

5 パンチを行う。生地と作業台に打ち粉をふり、生地を作業台に移す。横長の長方形に形をととのえ、左右から生地を折り返して3つ折りにした後、手前の3分の1を折り返し、さらに奥にクルッと回転させる。

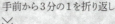
生地を左右から折り返して3つ折りに

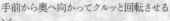
手前から3分の1を折り返し

手前から奥へ向かってクルッと回転させる

6 合わせ目を下にして容器に戻す。ふたをして7℃のドウコンに18時間置く。生地の発酵具合を膨張率で確認するため、つねに同じ容器に同じ分量の生地を入れて発酵をとる。

発酵前

発酵後

トラディショナルなバゲットは1次発酵が13時間程度でも問題なく狙った内相に仕上がりますが、レーズン種を使用しているこの生地は、発酵をしっかりとらないと目の詰まった内相になるため、パンチ後の発酵時間を18時間にしています。

分割・前成形・ベンチタイム

7 生地と作業台に打ち粉をふり、生地を作業台に移す。容器に接していた面に網目状のグルテン組織が見える。

8 生地の形を長方形にととのえ、300gの長方形（長辺約16cm）に分割する。

9 前成形を行う。縦長になるように生地を置き、手前から3分の1を折り返す。さらに奥から生地を折り返して3つ折りにする。合わせ目を指で押さえてとじる。奥から手前に転がして形を棒状にととのえる。

10 とじ目を下にしてばんじゅうに並べる。ふたをして室温で10〜15分休ませる。

成形

11 生地のとじ目を上にして作業台に置き、軽くたたいてガスを抜く。

12 生地を奥から手前に3分の1折り返し、指で生地の端を押さえる。奥から生地を2つ折りにし、合わせ目を手の付け根でしっかり押さえてとじる。

13 生地の中心から外側へ向けて手を移動させながら生地を前後に転がし、長さ35cmにととのえる。焼き色が付きやすい生地なので、全体に打ち粉をまぶす。

最終発酵

14 キャンバス地でひだをつくって生地を並べ、18℃・湿度75%のドウコンで1時間発酵をとる。発酵後は生地がふわっと膨らみ、ひとまわり大きくなる。

発酵前

発酵後

焼成

15 スリップピールに生地を移し、クープを1本入れる。

トラディショナルなバゲットに比べて生地が固く、長さも35cmと短めにしているバゲット・ジ・コンプレットは、1本でもきれいにクープが開くので、デザイン面と内相の両面から1本クープにしています。

16 上火250℃・下火230℃のデッキオーブンに入れ、スチームを1秒ずつ3回入れる。24〜25分焼成する。

底面と炉床に接している側面にしっかり焼き色が付いたら焼き上がり

アルファバゲット 生地を使って

大納言

☞ P182

キタノカオリの一部を湯種にして、ご飯のような甘味を出したアルファバゲットは、和の素材とも好相性。「大納言」は大納言と黒豆の蜜煮を1対1の割合で合わせ、具材が均一にいきわたるよう棒状に成形して焼き上げています。甘く煮た豆と、もちもち食感のアルファバゲット生地を組み合わせることで、より和菓子っぽく、食べやすい1品になります。

アルファバゲット 生地を使って

アルファバゲットの生地でタプナードとグリュイエールチーズ、グリーンオリーブを包み、パルミジャーノ・レッジャーノチーズをまぶして焼いた、ワインによく合うおつまみパン。20年ほど前に開発した当時はバゲット生地を使っていましたが、アルファバゲット生地を使うことで、ポンデケージョのようなもちもち感のある、より個性的な1品になりました。

オリーブ・エ・フロマージュ

☞ P183

054

chapter 3

合わせる食事を
イメージして

ポミエ

リンゴの白ワイン煮を練り込んだ"おいしい木の枝"。
ポキンと折って、好みのディップとともに

　生地をねじって成形することで木の質感を出し、切り込みを入れて枝を表現。枝の細い部分はカリッとこうばしく、太い幹の部分はややしっとり。食感の違いも楽しんでもらえる1品です。
　粉は、風味の濃い「グリストミル」と素朴な甘味が感じられる「スム・レラT70」、ドイツ産ライ麦粉をブレンド。枝のパリッとした食感を出すため、ライ麦粉をやや多めに配合して引きを弱めています。具材として加えるドライアップルは、そのままだと印象が弱いので、白ワインとショウガで風味付け。味と香りにパンチを加えたリンゴを包んで焼き、ポキンと折って食べてもらう仕立てにしました。いい感じに切り込みを入れると、本当に枝みたいに見えるので、「これ、パンですか?」と、お客さまに聞かれたこともあるんですよ。

材料（16個分）

石臼挽き強力粉（ニップン「グリストミル」）
　……50％／750g
北海道産石臼挽き準強力粉
　（アグリシステム「スム・レラT70」）
　……40％／600g
ドイツ産石臼挽きライ麦粉
　（タテノコーポレーション「ライ麦粉1150」）
　……10％／150g
リンゴ液種*1……20％／300g
パート・フェルメンテ*2……10％／150g
塩……2.3％／34.5g
モルト水*3……1％／15g
水……73％／1095g
ジンジャーアップル*4・6……40％／600g
ローストクルミ*5・6……30％／450g

*1 リンゴ液種の起こし方（以下、つくりやすい分量）
オイルコーティングされていない、酸味が少なめのリンゴ（ふじなど）のヘタと種を除き、皮付きのまま厚さ2〜3mmにカットする（A）。Aのリンゴ800g、レンゲハチミツ80g、果汁100％のリンゴジュース（無濾過タイプ）600g、約40℃の湯400gを加え混ぜる（湯温は材料を合わせて約33℃になるよう調節）。密閉容器に入れ、30℃の場所に置いて1日2回、朝と夕に混ぜる。シュワシュワと泡が立つようになったら、濾して液のみを密閉容器に移し、冷蔵庫で保存。5日以内に使い切る。

*2 パート・フェルメンテのつくり方
フランス産準強力粉（日東富士製粉「シャントゥール」）100％、塩2.1％、モルト水（*3）1％、セミドライイースト0.4％、水63％の割合でミキサーボウルに合わせ、低速で3分、中速で1分ミキシング（こね上げ温度24℃）。27℃・湿度75％で3時間発酵。5℃の冷蔵庫で保存し、翌日中に使い切る。

*3 モルト液と水を1:1で合わせたもの。

*4 ジンジャーアップルのつくり方（以下、つくりやすい分量）
鍋に白ワイン200g、グラニュー糖40g、皮を除いてスライスしたショウガ14枚（約10g）を入れ、強火で沸騰させる（A）。2.5cm角に切ったセミドライアップル1kgをAに加える。汁けがなくなるまで強火で煮る。粗熱をとり、密閉容器に入れて冷蔵庫で保存。翌日、使用する。

*5 天板に広げて上火・下火ともに200℃のデッキオーブンに入れ、こまめに混ぜながら30分ローストする。

*6 混ぜ合わせておく。

工程

ミキシング
ミキサーボウルに、具材（ジンジャーアップルとローストクルミ）以外の材料を投入
↓
低速3分
↓
ジンジャーアップル、ローストクルミを投入
↓
低速1分・こね上げ温度20℃

1次発酵・パンチ
20℃・湿度75％・30分
↓
パンチ
↓
20℃・湿度75％・30分
↓
パンチ
↓
20℃・湿度75〜80％・14時間

分割
250g

成形
19cmの棒状にしてねじる

最終発酵
28℃・湿度75〜80％・50分

焼成
枝形にカット
↓
上火250℃・下火235℃・蒸気1秒×3回・23分

ミキシング

1. ミキサーボウルにジンジャーアップルとローストクルミ以外の材料を入れる。低速で3分ミキシングする。

2. 水分がいきわたり、粉けがなくなったら（写真）、ジンジャーアップルとローストクルミを加え、低速で1分ミキシングする。こね上げ温度は20℃。

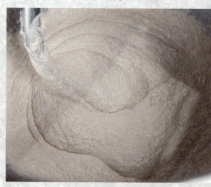

枝のようにパリッと折れて歯切れのよい生地に仕上げるため、引きが出ないようミキシングは短めに。パンチで生地をつなぎます。

ジンジャーアップルとローストクルミ

1次発酵・パンチ

3 内径34cmのボウルに生地を移し(写真)、20℃・湿度75%のドウコンに30分置く。

4 1回目のパンチを行う。ボウルの側面と生地の間にカードをさし入れ、生地を持ち上げて中心に向かって返す。ボウルを回転させながら同様に生地を返して1周する。

5 表面をならし、20℃・湿度75%のドウコンに30分置き、1回目と同様に2回目のパンチを行う。

6 表面をならし、20℃・湿度75〜80%で14時間発酵をとる。ボウルの縁から下に4〜5cmの位置まで生地が膨らんだら、1次発酵終了。

発酵後

分割

7 生地と作業台に打ち粉をふり、ボウルを裏返して生地を作業台に出す。生地の表面(ボウルに接していた面)には網目状のグルテンの組織が見える。

8 250gの長方形に分割。分割する際は、リンゴの量ができるだけ均等にいきわたるようにする。

同じ品質のパンをつくるために、同じ容器を使い、同程度まで生地が膨らんでいることを確認して分割しています。ここできちんと発酵がとれていないと、焼成時に生地がもち上がりません。

成形

9 生地を横長に置き、リンゴが表面に出ないように奥から2つ折りにして、合わせ目を押さえる。

11 左手で左端を押さえながら、右手で生地を3回ねじる。打ち粉を全体にまぶし、キャンバス地にひだで仕切りながら並べる。

生地をねじるのは、グルテン組織をからませて骨格を強くするとともに、木の枝のゴツゴツとした質感を出すため。生地をねじることで生地に負担がかかるので、この前の段階では生地に必要以上に力をかけないよう、3つ折りではなく2つ折りにして、棒状に形をととのえるだけにとどめます。ベタついてくっつきやすい生地なので、全体にまんべんなく打ち粉をまぶしてから布どりします。

10 両手で転がして長さ約19cmにのばす。

最終発酵

12 28℃・湿度75〜80%のドウコンで50分発酵させる。発酵後は生地がゆるみ、ひとまわり大きくなる。

発酵前

発酵後

焼成

13 打ち粉を全体にふり、スリップピールに生地を並べる。枝の形になるよう、太めでリンゴの量が少ない側にスケッパーで切り込みを入れていく。

片方の端から中心に向かって、やや斜めに切り込みを入れる(A)

2つに分かれた生地の一方に、切り込みAの長さの半分くらいまで、斜めに切り込みを入れる

切り込みを入れた部分に打ち粉をふり、枝に見えるよう形をととのえる。切り込み時にリンゴがとび出た場合は、リンゴを包む

枝状にカットした部分は、太い部分に比べて焦げやすいので、たっぷり打ち粉をふって焼成します。また、リンゴが表面に出ていると焦げるため、カットした後にとび出た場合はしっかりと生地で包んでから焼成します。

14 上火250℃・下火235℃のデッキオーブンに入れ、スチームを1秒ずつ3回入れて23分焼く。

パン・ド・ロデヴ

みずみずしく、ぷるんとしたクラム。ざっくり、こうばしいクラスト。
まろやかな酸味がふわりと広がる、高加水パン

　みずみずしく、ぷるんとした食感のなかにルヴァン種によるほのかな酸味がただようパン・ド・ロデヴは、パン デ フィロゾフのアイテムのなかでも、僕の好きなパンベスト3に入る1品。ロデヴの特徴の1つである高加水の生地に仕上げるため、粉はタンパク値が高めの石臼挽き強力粉「グリストミル」を多めに配合し、「スム・レラT70」とライ麦粉をブレンドして、甘味や雑味のバランスのとれた生地に。バシナージュで吸水率を100%に高め、オートリーズを12時間とって水和を進めるとともに小麦の旨味をじっくり引き出しています。

　ルヴァン種と生地にオレンジハチミツを加えて香りのアクセントにしているのも、うちのロデヴの特徴の1つ。冬〜春はイチゴ、夏はマンゴー&パッションフルーツなど、季節の素材を使ったロデヴも好評です。

材料（6個分・下記より4680g使用）

A 石臼挽き強力粉（ニップン「グリストミル」）
　　……30％／600g
　北海道産石臼挽き準強力粉
　（アグリシステム「スム・レラT70」）
　　……20％／400g
　水……50％／1000g
石臼挽き強力粉（ニップン「グリストミル」）
　……45％／900g
ドイツ産石臼挽きライ麦粉
（タテノコーポレーション「ライ麦粉1150」）
　……5％／100g
塩……3.2％／64g
ルヴァン種*……30％／600g
オレンジハチミツ……3％／60g
セミドライイースト……0.22％／4.4g
硬水（コントレックス）……25％／500g
足し水……25〜28％／500〜560g

＊ルヴァン種の起こし方
1日目　ライ麦全粒粉（江別製粉「北海道産ライ麦全粒粉」）100gとオレンジハチミツ5g、水100gを混ぜる。混ぜ上げ温度28〜30℃。ふたをして28℃の場所に24時間置く。
2日目　元種200gにライ麦全粒粉400g、オレンジハチミツ10g、水350gを加えて混ぜる。混ぜ上げ温度28〜30℃。ふたをして28℃の場所に12時間置く。
3日目　元種40gに石臼挽き強力粉（ニップン「グリストミル」）400g、オレンジハチミツ10g、水390gを加えて混ぜる。混ぜ上げ温度28〜30℃。ふたをして28℃の場所に12時間置く。
4日目　元種40gに石臼挽き強力粉400g、オレンジハチミツ10g、水390gを加えて混ぜる。混ぜ上げ温度20℃。ふたをして20℃の場所に12時間置く。
5日目　ルヴァン種の完成。5℃の冷蔵庫で保存する。pHは4.0〜4.1程度。2日間使用でき、2日以内に種継ぎする。種継ぎは4日目と同様に仕込み、発酵させる。

工程

ミキシング・オートリーズ
ボウルにAを投入
↓
手混ぜ・こね上げ温度20℃
↓
オートリーズ（20℃・湿度85％・12時間）
↓
オートリーズ後の生地に、塩、ルヴァン種、オレンジハチミツ、硬水を合わせ、ミキサーボウルに入れる。
↓
粉、セミドライイーストを投入
↓
低速3分・中速3分
↓
バシナージュ
↓
低速1分・中速5分・中高速1分・こね上げ温度22℃

1次発酵・パンチ
27℃・湿度75％・1時間
↓
パンチ
↓
27℃・湿度75％・1時間
↓
パンチ
↓
27℃・湿度75％・1時間

分割
760〜780g

成形
正方形
↓
バヌトンに入れる

最終発酵
18℃・湿度75％・30分

焼成
クープ（計11本）→ 上火250℃・下火250℃・蒸気1秒×3回・28分

ミキシング・オートリーズ

1 ボウルにAの材料（石臼挽き強力粉「グリストミル」、北海道産石臼挽き準強力粉「スム・レラT70」、水）を入れ、ヘラで水分が全体になじむまでしっかり混ぜる。こね上げ温度20℃。

2 ラップフィルムをかけ、20℃・湿度85％のドウコンに12時間置く。オートリーズ後の生地は水分が全体にいきわたり、なめらかになる。

粉をしっかり水和させ、アミラーゼを活性化させて旨味を引き出すためにオートリーズを12時間とっています。粉の約半量をオートリーズするのは、全量だとグルテンが弱くなりすぎるため。8時間、10時間でも旨味は増しますが、12時間が一番おいしくなると思います。また、長くおきすぎると生地がダレるので、12時間くらいで収めるのがベストです。

オートリーズ前

オートリーズ後

1次発酵・パンチ

3 オートリーズ後の生地に、塩、ルヴァン種、オレンジハチミツ、硬水を加えてヘラで混ぜ、ミキサーボウルに入れる。

4 粉とセミドライイーストを加え、低速で3分、中速で3分ミキシング。生地が7割程度つながり、薄くのびるようになったら、バシナージュする。

足し水25〜28％はかなり多めだと思いますが、ミキシング時間が長くなって、生地温度が上がり、風味がとぶのを防ぐと同時に、水温を調節して生地温度をコントロールするために、この量をバシナージュしています。バシナージュのタイミングは、生地が6.5〜7割くらいまとまったころ。8〜9割でき上がってしまうと生地に水が入りにくくなるので、タイミングには気をつけてください。

5 低速で1分、中速で5分、中高速で1分ミキシング。生地が薄い膜状にのびるようになったらミキシング終了。こね上げ温度は22℃。

6 内径34cmのボウルを2つ用意し、生地を2等分して、それぞれボウルに移す。27℃・湿度75％のドウコンに1時間置いたのち、1回目のパンチを行う。カードで奥から手前まで引っ張りながら折り返す作業を、ボウルを回転させながら10回ほど行う。

パンチ前の生地
≫

奥から手前に引っ張る
≫

ボウルをまわしながら約10回行う

7 引っ張った時に手に抵抗を感じるようになったら、ドウコンに戻し、1時間置く。

8 同様の手順で2回目のパンチを行い、ドウコンに戻して1時間置く。

9 生地が1.5倍程度に膨らんだら発酵終了。

当日仕込みにしているのは、ミキシング後にオーバーナイトで発酵させると生地がゆるみすぎるため。パンチや分割・成形で力をつけ、そのまま窯入れして高めの温度で一気に窯のびさせます。長時間発酵させないぶん、ルヴァン種やオートリーズで旨味を補強しています。

分割

10 生地と作業台に打ち粉をふり、生地を作業台に移す。生地の表面に打ち粉をふり、長方形に形をととのえる。

11 生地の奥と手前を中心まで折り返し、2つ折りにする。

12 生地を3等分にカットする。

成形

13 分割した生地を正方形にととのえ、手前の端を引っ張って中心まで折り返す。奥の生地を引っ張ってのばし、折り返して重ね、端を押さえる。

14 左右に生地を引っ張ってのばし、中心まで折り返して重ねる。ここでガスを抜きすぎると内相が詰まるので、ガスを保持しながら少し力をつけるイメージで成形する。

 》

15 正方形に形をととのえる。麻布を敷き、打ち粉をふったバヌトンに、合わせ目を上にして入れる。

最終発酵

16 18℃・75%のドウコンで最終発酵をとる。基本は30分。夏場など生地がゆるみやすい時期は15〜30分の間で調整する。最終発酵は成形で締めた生地を窯入れ前に少し休ませるイメージで。

発酵前

発酵後

焼成

17 表面に打ち粉をふる。バヌトンの上下を返して生地をスリップピールに移し、四角く形をととのえる。

18 対角線に長く1本クープを入れ、その左右に5本ずつ斜めにクープを入れる。

19 上火250℃・下火250℃のデッキオーブンに入れ、スチームを1秒ずつ3回入れる。28分焼成する。下火が弱いと横にダレるため、下火を強くして底面を焼き固め、窯のびさせる。

ル・ヴィニュロン

水を使わずにワインで仕込んだハード系パン。
果実味とナッツの旨味が、濃厚なソースと好相性

パン・ド・ロデヴの"ワインバージョン"。フレンチのシェフから「フォワグラやトリュフのソースに合うパンを」と依頼されてつくったアイテムです。果実味とスパイシー感のあるパンにするため、「ルージュ」にはオレンジとスパイスの風味を加え、グルナッシュ&シラー種の赤ワインを使用。「ブラン」はリンゴとシャルドネを合わせて酸味と甘味のバランスをとりました。ワインの味を邪魔しないよう、ルージュには赤いブドウ(レーズン)、ブランにはグリーンレーズンから起こした酵母種を使っています。

また、ナッティーなコクと食感のアクセントを加えるため、生地にはナッツもプラスしています。ルージュには苦味が感じられるピーカンナッツと甘味のあるクルミを使用。ブランにはリンゴと相性のよいクルミを加えています。

グリストミル 55% 灰 × スム・レラT70 40% 茶 × ライ麦粉1150 5% 灰

材料

ル・ヴィニュロン・ブラン(7個分)

- 石臼挽き強力粉(ニップン「グリストミル」)……55%／1100g
- 北海道産石臼挽き準強力粉(アグリシステム「スム・レラ T70」)……40%／800g
- ドイツ産石臼挽きライ麦粉(タテノコーポレーション「ライ麦粉1150」)……5%／100g
- 塩……2.3%／46g
- グリーンレーズン種*1……15%／300g
- パート・フェルメンテ*2……18〜20%／360〜400g
- 白ワイン煮汁A*3……80%／1600g
- 白ワイン煮汁B*3……15%／300g
- ドライアップルとグリーンレーズンの白ワイン煮*4……約1600g(具材のみ)
  - 白ワイン……80%／1600g
  - 水……40%／800g
  - グラニュー糖……12%／240g
  - ドライアップル……30%／600g
  - グリーンレーズン……20%／400g
- クルミ*5……20%／400g

ル・ヴィニュロン・ルージュ(7個分)

- 石臼挽き強力粉(ニップン「グリストミル」)……55%／1100g
- 北海道産石臼挽き準強力粉(アグリシステム「スム・レラ T70」)……40%／800g
- ドイツ産石臼挽きライ麦粉(タテノコーポレーション「ライ麦粉1150」)……5%／100g
- 塩……2.3%／46g
- レーズン種*6……15%／300g
- パート・フェルメンテ*2……20%／400g
- 赤ワイン煮汁A*7……80%／1600g
- 赤ワイン煮汁B*7……10%／200g
- ドライフィグとレーズンの赤ワイン煮*4……約1200g(具材のみ)
  - 赤ワイン……85%／1700g
  - 水……40%／800g
  - オレンジハチミツ……5%／100g
  - オレンジ……1/2個
  - シナモンパウダー……0.075%／1.5g
  - 粗挽き黒コショウ……0.075%／1.5g
  - ドライフィグ……30%／600g
  - レーズン(サンヴュー「カリフォルニアシードレスレーズン」)……20%／400g
- ピーカンナッツ*5……10%／200g
- クルミ*5……10%／200g

*1 グリーンレーズン種の起こし方(以下、つくりやすい分量)
グリーンレーズン500g、レンゲハチミツ350g、湯(40℃)1750gを密閉容器に入れる。朝と夕に1回ずつ混ぜ、30℃の場所に4日間置く。シュワシュワと泡が立ったら、漉して汁と具を分け、5℃の冷蔵庫で保存。5日以内に使い切る。

*2 パート・フェルメンテのつくり方
フランス産準強力粉(日東富士製粉「シャントゥール」)100%、塩2.1%、モルト水(モルト液と水を1:1で合わせたもの)1%、セミドライイースト0.4%、水63%の割合でミキサーボウルに合わせ、低速で3分、中速で1分ミキシング(こね上げ温度24℃)。27℃・湿度75%で3時間発酵。5℃の冷蔵庫で保存し、翌日中に使い切る。

*3 ドライアップルとグリーンレーズンの白ワイン煮でできる煮汁。

*4 具材は16℃に復温する。

*5 天板に重ならないように並べ、こまめに混ぜながら上火200℃・下火200℃のデッキオーブンで30分焼く。

*6 レーズン種の起こし方(以下、つくりやすい分量)
レーズン1kg、グラニュー糖600g、湯(40℃)2kgを密閉容器に入れる。朝と夕に1回ずつ混ぜ、30℃の場所に5日ほど置く。レーズンが浮き、シュワシュワと泡が立ったら、漉して汁と具を分け、5℃の冷蔵庫で保存。5日以内に使い切る。

*7 ドライフィグとレーズンの赤ワイン煮でできる煮汁。

ワイン煮をつくる

ブラン

鍋に白ワイン、水、グラニュー糖を入れて強火にかけて沸かし、ひと口大にカットしたドライアップルとグリーンレーズンを加える。強火で10分煮て火を止め、漉して具材と煮汁を分ける。生地の仕込みに使用する煮汁を取り分け、残りを具材として使う。5℃の冷蔵庫で保存し、2日以内に使い切る。

ドライフルーツが煮汁を吸って仕込み用の煮汁が足りなくなるので、煮た後すぐに漉して仕込み用の煮汁を取り分け、残った煮汁はふたたび具材と合わせておきます。

※基本の製造工程は「ブラン」も「ルージュ」も同じです。以下、つくり方は「ブラン」を中心にご紹介しています。「ルージュ」について材料など異なる部分は〈紫の文字〉で記しています。

工程(ブラン)

ワイン煮をつくる

ミキシング
ミキサーボウルに粉、塩、レーズン種、パート・フェルメンテ、ワイン煮の煮汁Aを投入
↓
低速3分・中速3分・中高速5分・高速約3分
↓
低速計1分／バシナージュ(ワイン煮の煮汁B)・中速4分
↓
ワイン煮とナッツを加える
↓
低速1分
↓
手ごね・こね上げ温度22℃

1次発酵
20℃・湿度80%・12時間

分割
900g + α

成形
丸形

最終発酵
28℃・湿度75〜80%・2時間30分

焼成
クープ(五角形)→上火235℃・下火235℃・蒸気1秒×3回・42分

ルージュ

鍋に赤ワイン、水、オレンジハチミツ、皮ごとカットしたオレンジ1/2個分、シナモンパウダー、粗挽き黒コショウを入れて沸かす。ドライフィグ、レーズンを加え、強火で10分煮る。火を止め、漉して具材と煮汁を分ける。生地の仕込みに使用する煮汁を取り分け、残りを具材として使う。5℃の冷蔵庫で保存し、2日以内に使い切る(オレンジは使用時に取り除く)。

ミキシング

1. ミキサーボウルに粉、塩、グリーンレーズン種〈レーズン種〉、パート・フェルメンテ、白ワイン煮汁A〈粉対比80%分〉〈赤ワイン煮汁A〈粉対比80%分〉〉を入れ、低速で3分、途中でボウルの内側に付いた生地をはらいながら中速で3分ミキシング。さらに、中高速で5分、高速で約3分〈約4分〉ミキシングし、7割ほどつながった（表面はなめらかだが引っ張ると切れる）状態にする。ルージュは生地がダレやすいため、ブランよりも少し長めにミキシングする。

2. 白ワイン煮汁B〈粉対比15%分〉〈赤ワイン煮汁B〈粉対比10%分〉〉の半量を加え、低速で30秒ミキシング。ミキサーを止め、残りの煮汁を加える。低速で30秒ほどミキシングし、水分が見えなくなったら、中速で4分ミキシングし、しっかりとつながった薄くのびる生地をつくる。

3. 16℃に復温したドライアップルとグリーンレーズンの白ワイン煮〈ドライフィグとレーズンの赤ワイン煮〉とクルミ〈ピーカンナッツ、クルミ〉を加え、低速で1分ミキシングする。生地に具材が均等に混ざるよう、ミキサーボウルから生地を持ち上げてひとまとめにし、クルッと上下を返してミキサーボウルに戻す。この作業を3、4回くり返す。こね上げ温度は22℃。

ワインを加えているこの生地は、オートリーズをとるとダレてしまうため、吸水を促進してグルテン形成を進めるというオートリーズの効果が見込めません。そのため、オートリーズはとらず、代わりにバシナージュで吸水を高め、ミキシングをしっかりしてグルテンを形成させています。

1次発酵

4. 内径34cmのボウルに移し、20℃・湿度80%のドウコンで12時間発酵させる。1次発酵後、容器の縁から3〜4cmの位置まで生地が膨らんでいるのが理想。

発酵前

発酵後

毎回、最適な発酵状態で分割できるよう、同じ発酵容器を使い、生地の高さで発酵具合を判断しています。ル・ヴィニュロンの場合は内径34cmのボウルで縁から3〜4cmの位置まで生地が膨らんだ状態が理想。発酵不足だと生地が上がらず、ボリュームのないパンになるので、分割前には生地の発酵状態をしっかり確認してください。

分割

5 生地と作業台に打ち粉をふり、生地の上下を返して作業台に移す。ボウルに接していた底面には網目状のグルテン組織ができている。

6 生地を手前から2つ折りにする。具材の入り方を調整しながら900g＋αに分割する（900g分割だと生地がやや余るので、900gを目安に残る生地を均等に分けてプラスする）。
生地を分割前に折りたたむのは、長時間発酵でゆるんだ生地に力をつけるため。900gに分割するのは、大きすぎるとダレてしまい、小さすぎるとおいしく焼き上がらないので、間をとって900gにしています。

成形

7 見える具材が多い面を上にして置き、手前と奥から中心に向けて生地を折り返し、端を重ね合わせる。

具材の多い面を上にするのは、具材がとび出すと焦げつく原因になるから。具材の多いほうを上にして成形することで、できるだけ具材を中に包み込むようにします。

8 左右から中心に向かって折り返し、表裏を返す。両手で生地を回転させながら丸め、作業台にあたっている底側の中心に生地の端を集め、とじる。この時、具材がとび出した場合は、内側に包み込むようにする。成形の際は、生地を締めすぎないよう注意すること。

9 バヌトンに麻布を敷き、ライ麦粉（分量外）をまんべんなく多めにふり、とじ目を上にして生地を入れる。

最終発酵

10 28℃・湿度75〜80％のドウコンで2時間30分発酵させる。発酵後は約1.2倍に膨らむ。

発酵前

焼成

11 バヌトンの上下を返して生地をスリップピールに移し、打ち粉をふる。五角形〈四角形〉にクープを入れる。ルージュの生地はブランよりダレやすく、クープの位置を外側にしすぎるとボリュームが出ないので、やや中心に近い位置に入れる。

発酵後

ブラン

ルージュ

12 上火235℃・下火235℃のデッキオーブンに入れる。スチームを1秒ずつ3回入れ、42分焼く。

出汁のパン

カツオ、昆布、干しシイタケに米麹。
出汁の旨味がギュッと詰まった、日本のパン

　旨味を前面に打ち出した"日本のパン"をつくろうと、思いっきり"和"を追求。カツオ節と昆布でとった一番出汁と干しシイタケの出汁、米麹種、みりんを加えて、旨味たっぷりに仕上げました。高加水で窯のびがよく、甘味もしっかり感じられる生地にしたかったので、粉は3種類のキタノカオリ（「粉粋」「ロイヤルストーン TYPE-F キタノカオリ」「キタノカオリ全粒粉」）をブレンドして、出汁をとった後のカツオ節、昆布、シイタケを練り込んで風味と食感のアクセントにしています。
　当初、干しシイタケは水でもどしていましたが、タンパク質分解酵素の影響で生地が上がりにくくなるため、熱湯に浸けることに。シイタケの酵素や米麹など、生地をダレやすくする素材が入っているので、オートリーズも2時間と、つくり方の近いパン・ド・ロデヴに比べ、かなり短めにしています。

粉粹 50% 黄 × TYPE-F キタノカオリ ロイヤルストーン 40% 黄 × キタノカオリ全粒粉 10% 茶

材料（3個分）

国産強力粉（平和製粉「粉粋」）
……50%／500g
国産石臼挽き全粒粉
（横山製粉「ロイヤルストーン TYPE-F キタノカオリ」）
……40%／400g
北海道産全粒粉
（アグリシステム「キタノカオリ全粒粉」）
……10%／100g
塩……2.5%／25g
米麹種*1……5%／50g
セミドライイースト……0.25%／2.5g
みりん……5%／50g
シイタケ出汁*2……35%／350g
カツオと昆布の出汁*3……55%／550g

*1 米麹種のつくり方
ボウルに米麹（目黒麹店「生こうじ」）100g、北海道産石臼挽き準強力粉（アグリシステム「スム・レラT70」）250g、湯（40℃）300gを入れ、ヘラで混ぜる。密閉容器に入れ、28～30℃の場所に12時間置く。表面に透明な液体が浮くようになったら完成。5℃の冷蔵庫に保存し、2日で使い切る。

*2 シイタケ出汁の材料
干しシイタケ（スライス）……20g
熱湯……500g
*3 カツオと昆布の出汁の材料
きざみ昆布……10g
花カツオ……8g
水……1000g

工程

シイタケ出汁、カツオと昆布の出汁をとる
↓
ミキシング・オートリーズ
　ボウルに粉、シイタケ出汁、カツオと昆布の出汁、みりんを入れ、ヘラで混ぜる
　↓
　オートリーズ（20℃・湿度85%・2時間）
　↓
　ミキサーボウルに、オートリーズ後の生地、塩、米麹種、セミドライイーストを入れる
　↓
　低速3分・中速3分
　↓
　シイタケ、花カツオ、きざみ昆布を投入
　↓
　低速3分・こね上げ温度22～24℃
↓
1次発酵・パンチ
　28℃・湿度85%・1時間
　↓
　パンチ
　↓
　28℃・湿度85%・1時間
　↓
　パンチ
　↓
　28℃・湿度85%・1時間
↓
分割・成形
　730～740g・正方形
　↓
　バヌトンに入れる
↓
最終発酵
　18℃・湿度75%・30分
↓
焼成
　クープ2本
　↓
　上火250℃・下火250℃・蒸気1秒×3回・27分

シイタケ出汁をとる

1 ボウルに干しシイタを入れ、熱湯をそそぐ。水ではなく熱湯を使用するのは、加熱することでシイタケのもつタンパク質分解酵素の働きを抑えるため。ラップフィルムで落としぶたをして粗熱をとり、7℃の冷蔵庫に1晩置く。漉して出汁と具材を取り分ける。

カツオと昆布の出汁をとる

2 鍋に水ときざみ昆布を入れ、弱火で10分ほどかけてゆっくり加熱する。沸騰する寸前に花カツオを加え、火を止める。ボウルに移し、ラップフィルムで落としぶたをして粗熱をとり、7℃の冷蔵庫に1晩置く。漉して出汁と具材を取り分ける。

ミキシング・オートリーズ

3 ボウルに小麦粉を入れ、シイタケ出汁、カツオと昆布の出汁、みりんを加え、ヘラで全体が均一になるまで混ぜる。

通常はハチミツを使用するところですが、「純ジャパン」のパンなので、みりんを使用。みりんを加えることで、ほんのりとした甘味が加わり、保湿力も高まります。

4 20℃・湿度85％のドウコンで2時間オートリーズをとる。パン・ド・ロデヴのイメージに近いパンだが、シイタケの出汁を加えた状態で長くおくと酵素の影響で生地が膨らまなくなるため、ロデヴのようにオートリーズを長くとらず、2時間にとどめている。

オートリーズ前

オートリーズ後

5 ミキサーボウルにオートリーズ後の生地と塩、米麹種、セミドライイーストを入れる。薄い膜状にのびるようになるまで、低速で3分、中速で3分ミキシングする。

6 出汁をとった後のシイタケ、きざみ昆布、花カツオを加え、全体に均一に混ざるまで低速で3分ほどミキシングする。こね上げ温度22〜24℃。

1次発酵・パンチ

7 生地をボウルに移し、28℃・湿度85％のドウコンに1時間置く。

8 1回目のパンチを行う。カードをボウルの側面と生地の間にさし入れ、生地を持ち上げて反対側のボウルの側面まで引っ張る。ボウルを回転させながら生地を引っ張る作業をくり返し2周する。28℃・湿度85％のドウコンに1時間置く。

9 1回目と同様に2回目のパンチを行い、28℃・湿度85％のドウコンに1時間置く。低温長時間発酵にしないのは、シイタケの酵素や米麹種の影響で生地がダレやすいため。

分割・成形

10 生地と作業台に打ち粉をふり、生地を作業台に移す。ベタつきやすい生地のため、打ち粉は多めに。

11 四角く形をととのえ、奥と手前から折り返して2つ折りにする。

12 3等分(730〜740g)に分割する。

13 角が手前にくるように置き、四角く形をととのえる。奥と手前の角を中心部まで折り返し、押さえる。

14 左右の角を引っ張ってのばし、中心部まで折り返して押さえる。

15 バヌトンに麻布を敷く。打ち粉をふり、とじ目を上にして生地を入れる。

最終発酵

16 18℃・湿度75%のドウコンに30分置く。

発酵後

焼成

17 生地に打ち粉をふり、スリップピールに移す。正方形に形をととのえ、対角線に十字にクープを入れる。

18 上火250℃・下火250℃のデッキオーブンに入れ、スチームを1秒ずつ3回入れる。27分焼成する。

セーグル・アン・ローズ

サワー種で乳酸系のまろやかな酸味を醸成。
湯種にしたライ麦が生む、ナチュラルな甘味も魅力

　僕がつくるライ麦パンは、しっとり感のあるドイツのライ麦パンと、ずっしりと重たく甘味のあるフィンランドのライ麦パンの中間のイメージ。ライ麦から起こしたサワー種が生むやわらかな酸味と、湯種やハチミツが醸す自然な甘味が感じられる、まろやかで食べやすいパンに仕上げています。

　めざす味わいを表現するために一番重要なのは、サワー種づくりとその管理。パンデフィロゾフでは、発酵力が強い江別製粉の「北海道産ライ麦全粒粉」と、粒子が細かくクセのない鳥越製粉「パンガーランド」を使用し、乳酸発酵によるきれいな酸をもつ発酵種を3日間かけて完成させています。手ばやく、安定したサワー種をつくる方法としておすすめですが、種の温度が低いと酢酸系のきつい酸味が出てしまうので、温度管理には十分注意してください。

ライ麦粉1150 灰 70% × グリストミル 灰 20% × 北海道産ライ麦全粒粉 灰 10%

材料（2個分・下記より2300g使用）

湯種
- 北海道産ライ麦全粒粉（江別製粉「北海道産ライ麦全粒粉」）……10%／100g
- 熱湯……15%／150g

本ごね
- ドイツ産石臼挽きライ麦粉（タテノインターナショナル「ライ麦粉1150」）……70%／1050g
- 石臼挽き強力粉（ニップン「グリストミル」）……20%／300g
- 塩……2.4%／36g
- オレンジハチミツ……8%／120g
- サワー種*……40%／600g
- セミドライイースト……1.2%／18g
- 水……67%／1005g

* サワー種の起こし方
1. 北海道産ライ麦全粒粉（江別製粉「北海道産ライ麦全粒粉」）100%、湯（40℃）90%を合わせてヘラで混ぜ、ふたをして30～33℃の場所に24時間置く。
2. 1の種100%に、細挽きライ麦全粒粉（鳥越製粉「バンガーランド」）100%、湯（40℃）90%を合わせてヘラで混ぜ、ふたをして25～26℃の場所に24時間置く。
3. 2の種100%に細挽きライ麦全粒粉100%、湯（40℃）90%を合わせてヘラで混ぜ、ふたをして25～26℃の場所に15時間～18時間置く。pH3.8～4.0。

※種継ぎはせず、1回ごとに仕込む。温度が低いと酢酸の酸味が強くなるので、温度管理をしっかり行うことがポイント。

工程

湯種をつくる
ボウルにライ麦全粒粉と熱湯を入れ、ヘラで混ぜる・こね上げ温度70℃
↓
7℃の冷蔵庫で1晩冷蔵

ミキシング
ミキサーボウルにすべての材料を投入
↓
低速5分・中速3分・こね上げ温度27～28℃

フロアタイム
室温（15～30分）

分割・丸め
1150g

成形
ブール形

最終発酵
28℃・湿度80%・30～40分

焼成
上火250℃・下火250℃・蒸気1秒×5～6回・10分
↓
上火230℃・下火230℃・40分

湯種をつくる

1. ボウルにライ麦全粒粉と熱湯を入れ、ヘラで全体がなじむまで混ぜる。こね上げ温度は70℃。

2. 粗熱がとれたらラップフィルムでボウルをおおい、7℃の冷蔵庫で1晩保存する。

ミキシング

3. ボウルにオレンジハチミツと水の一部を加えてヘラで混ぜ、ミキサーボウルに投入し、塩を加える。サワー種が40％入るぶん味がぼやけるので、2.4％と多めの塩で味を締める。

4. ボウルに水とサワー種を入れてヘラで混ぜ、ミキサーボウルに加える。湯種、粉、セミドライイーストを加え、低速で5分、中速で3分ミキシング。生地につやが出て、なめらかな状態になったらミキシング終了。こね上げ温度は27～28℃。

サワー種

フロアタイム

5 室温に15〜30分置いて、生地を休ませる。

分割・丸め

6 生地と作業台にライ麦粉(分量外)をたっぷりふり、生地を作業台に移す。生地を1150gずつに2等分する。

7 まわりから生地を引っ張って中心部に集め、2つ折りにして生地に力をつける。そば打ちの菊練りの要領で手の付け根で生地をぐっと押し込み、表面をなめらかにととのえる。

成形

8 生地と作業台にライ麦粉をたっぷりふる。生地表面が手前、とじ目が奥になるように生地を持つ。とじ目に向かって生地を集めるように引っ張りながら左右に生地を転がし、表面をなめらかにととのえる。

9 とじ目を下にして生地を置き、回転させながら、大きな円を描くようにして生地を動かす。こうすることでバラの花のような模様ができる。直径は約22cm。

粘土をこねるイメージで、空気が入らないようしっかり密にまとめることで、生地が縦にのびやすくなります。

10 とじ目を下にしてキャンバス地に並べる。

最終発酵

11 28℃・湿度80%のドウコンに30〜40分入れ、発酵させる。発酵後は生地がゆるみ、ふっくらとした手ざわりになる。生地の表裏を返してスリップピールに並べる。

焼成

12 上火250℃・下火250℃のデッキオーブンに入れ、スチームを1秒ずつ5〜6回入れて10分焼く。その後、上火230℃・下火230℃に下げて40分焼く。
ライ麦パンは低温でじっくり焼くとカサつ いた食感になるので、蒸気を多めに入れて高温で一気に焼成し、表面をつややかに焼き上げます。

13 炉床に接していた面にしっかりと焼き色が付き、たたくと軽い音が出るようになるまで焼成する。
生地のpHが高すぎると、中が生焼けっぽくなるので注意が必要です。

パン・ド・ロデヴ のバリエーション

アベイ・ド・ベロックとブランデーレーズン

☞ P184

フランス・ピレネー産のセミハード系の羊乳チーズ「アベイ・ド・ベロック」は、ナッティーな香りとミルキーな味わいが特徴。その風味を引き立てる素材として、ブランデー漬けのレーズンとローストしたヘーゼルナッツを配合。チーズのミルキーな旨味とほどよい塩分にレーズンの甘味、ブランデーの香りを添えて。大人っぽく仕上げたロデヴです。

パン・ド・ロデヴ のバリエーション

ロデヴ・フレーズ
☞ P185

ロデヴ生地にドライストロベリーとグリーンレーズン、ピーカンナッツを練り込んだ冬〜春限定の1品。イチゴとレーズンのほどよい甘さと酸味に、ピーカンナッツのほのかな苦味を組み合わせて味のバランスをとりました。まずは何もつけずにそのままの味を楽しんで。マスカルポーネなど軽めの白いチーズやチョコレートと合わせて食べるのもおすすめです。

パン・ド・ロデヴ のバリエーション

ロデヴ・デテ

☞ P186

ベーシックな生地にドライマンゴーとドライパッションフルーツ、カシューナッツを加えた夏のロデヴ。マンゴーとパッションフルーツのトロピカルな風味が引き立つよう、油脂分が多く甘味もあり、カリッとした食感も楽しめるカシューナッツを配合。マンゴーとパッションフルーツは白ワインで煮ることで水分と旨味を含ませ、味に深みを出しています。

パン・ド・ロデヴ のバリエーション

ロデヴ・ド・メリメロ

☞ P187

甘夏のさわやかな風味、白ワインとクレーム・ド・カシスに漬け込んだベリー類の甘味と酸味、プルーンの深い甘味が重なり合う初夏のロデヴ。ナッツ類はあえて加えずにフルーツの味わいを際立たせました。ごちゃ混ぜ(メリメロ)にしたフルーツに一体感をもたせるため、アールグレーの茶葉を少量加え、ベルガモットの香りをまとめ役にしています。

ライ麦パン 生地を使って

ほどよい甘味と乳酸発酵による酸味があるライ麦パンの生地には、酸味の強いフルーツがよく合うので、アプリコット、クランベリーをチョイス。食べやすさを考えて甘味が強めのレーズンを加えて、味のバランスをととのえました。こうばしさをプラスするとともに、生地の保湿力を高める目的で、アマニとオートミールを水でもどして加えています。

セーグル・フリュイ

p188

092

カボチャを練り込んだ **食事パン**

ポティロン

 P189

秋の食材を使って新作をつくろうと考案した、カボチャの風味豊かな食事パン。キタノカオリ100%の強力粉を使用し、粉の10%を湯種に。薄切りにした生のカボチャとカボチャのピュレ、生のホウレンソウを練り込み、しっとりとしたソフトな口あたりに焼き上げました。カボチャのナチュラルな甘さときれいな色合いが楽しめるアイテムです。

18歳でパンの道へ。無駄な経験は何一つなかった

　会社勤めは性に合わない。自分の性格的に身体を使う仕事、ものをつくる職人の世界が向いているのではないか。そう考えて、高校卒業後は製菓製パン専門学校に進み、そこで1年間パンづくりを学んだ。卒業後、最初の就職先は「ポンパドウル」。オールスクラッチでパンをつくっているある程度大きなパン店で、パン職人の仕事全般を経験しておきたいと考え、選んだ職場だった。

　配属されたポンパドウル池袋店は当時、日商130万円を売り上げていた大型店舗。僕はここで、パンづくりの基礎を学んだ。パン職人のファーストステップとして「学べることはすべて習得してやろう」という気持ちで入社したので、誰よりもはやく厨房に入り、厨房を出るのも最後。自分の仕事を終わらせると、先輩に頼んで与えられたポジション以外の作業を手伝わせてもらい、1年半ほどですべてのポジションをこなせるようになった。その間、自分から積極的に学び、成長していくことが楽しくて、辛いと思ったことは一度もなかった。入社して3年目には後輩を指導する立場になり、発注やシフト表づくりなど、製パン以外の仕事も担当。売れる店だったから、2手、3手先を読んで無駄なく動く習慣もここで身についた。

　働きはじめて丸3年、そろそろ違うタイプの店で働いてみたいと、あちこちのベーカリーを見てまわるうちに、今までにない衝撃を受けたのが「ペルティエ」のパンだった。当時、シェフを務めていた志賀勝栄さんがつくるバゲットのおいしさに愕然。自分もこういうパンを焼いてみたいと、すぐに電話をかけて「働きたい」と直談判した。しかし、厨房に空きがなかったため、志賀さんの紹介で代官山「パティスリー・マディ」に入店。それまではわりとできるほうだと自分に自信をもっていたのだが、シェフの松原裕吉さんのもと

パン職人になるということ

で働きはじめてすぐに、自分が井の中の蛙だったと思い知らされた。

マディでは、自家製酵母種を使ったパンづくりなど、さまざまな製パン技術を教わり、パン職人として歩むべき方向性をあらためて考えるようになった。クレーム・パティシエールの炊き方やメレンゲの絞り方など、パティシエの知識や技術を学ぶ機会を与えてもらえたことも大きな収穫。料理の楽しさを知ったのも、パン単体ではなく「食のなかでのパン」という見方をするようになったのも、ここでサンドイッチや賄いづくりを経験したことが大きかった。

1年後に志賀さんから声がかかり、㈱ユーハイムに入社。「一番忙しい店で働かせてほしい」と志願し、ペルティエ赤坂店で働きはじめた。志賀さんは、ああしろこうしろと直接指示するタイプではなかったが、どんな粉を使ってどういうふうにつくるか、どういう味、食感を表現したいのか、ルセットから考え方や意図を読みとることができた。志賀さんのもとにいた約5年の間にたたき込まれたのは、「妥協しないこと」。長時間発酵をはじめとする製法はもちろん、志賀さんのスタイルは、確実に今の僕のパンづくりの基礎になっていると思う。

24歳でペルティエ赤坂店のシェフになり、その後はペルティエ銀座店のシェフや地方の店舗の立ち上げ、業績が低迷している店舗の立て直しなどを担当。2004年には新ブランド「フォートナム・アンド・メイソン」のシェフとなり、新店の立ち上げ作業を担った。新ブランド「ドミニク・サブロン」のシェフ・ブーランジェにというオファーを「マキシム・ド・パリ」から受けたのは、新店オープンが一段落し、独立を考えはじめていた27歳の時だった。

厨房設計や生産管理、スタッフ育成など、それまで技術以外のこともしっかりと学んできたので、この段階で開業し、うまくやっていく自信は十分にあった。ただ、海外ブランドのシェフを務める経験はそう得られるものではないし、マキシム・ド・パリで提供するパンも担当することになると聞いて、自分の成長につながると思い、オファーを受けることにした。

入社後は3ヵ月の研修のためパリの本店へ。3日間で技術をマスターし「もう何も教えることはない」と言われたことから、その後はパリのレストランを食べ歩いた。その時、食事のなかでのパンの役割や、料理とパンとの関係性について学び、考えたことが、その後のパンづくりに大きく影響をおよぼすことになった。

ブランドの立ち上げ時には製造のみならず、店舗デザインから包装資材の手配まですべてに携わり、2008年3月にドミニク・サブロン赤坂店がオープン。以降は24時間のうち22時間、ずっとパンづくりについて考え、走り続ける日々だった。

5年の予定が7年、ドミニク・サブロンのシェフを務め、2014年に退職。「35歳までには独立しよう」と考えていた自分にとって、節目の年となる35歳での決断だった。雇われてシェフをしている間は、言われたことを素直にそのまま再現し、そのうえで「自分ならこうする」「こうしたらこうなるだろう」と、よりおいしくするためいろいろと考え、自分のなかの引き出しを増やしていった。とにかく、できるようになりたくて真剣に学び、取り組んできたから、アイデアの引き出しはどんどん増えていった。

ドミニク・サブロン退職後は、「パン デ フィロゾフ」をオープンするまでの3年間、コンサルタントとしてさまざまなパンを開発してきた。そうしたすべての経験が、自分らしいスタイルの構築につながっている。独立開業の時期は予定よりも少々遅くなったが、それも「自分のパン」を生み出すために必要だった時間。18歳でパン職人を志してから今まで、無駄な経験は何一つなかったと思っている。

chapter 4

クロワッサン

サクッと軽い食感なのに、中はしっとり、もっちり。
バターのコク、香りがガツンと脳に響く記憶に残る1品

　パン デ フィロゾフで提供したいと考えたのは、おいしさをとことん追求した「プロがつくるクロワッサン」。これまで、製造責任者やプロデューサーとして、店の個性に合わせたさまざまなタイプのクロワッサンをつくってきましたが、自分の店では軽さだけではない、食感の面白さを表現しようと、麺用小麦配合の小麦粉「ジュ・フランソワ」を使い、外側はサクッ、中はしっとり、もっちりとした食感に。塩けと甘味を強めにして味にパンチをもたせました。バターは、加熱するとヘーゼルナッツのような風味が感じられる、フランス産「レスキュール」発酵バターを使用。「おいしさ」が印象に残る味、食感に仕上げました。
　コーヒーなどと一緒にそのまま食べるのもいいですが、生ハムを上にのっけて食べると最高に旨い！ぜひ試してみてください。

材料（192個分）

- 群馬県産フランスパン用粉（星野物産「ジュ・フランソワ」）
  …… 50%／2500g
- フランス産準強力粉（日東富士製粉「シャントゥール」）
  …… 40%／2000g
- 石臼挽き強力粉（ニップン「グリストミル」）
  …… 10%／500g
- セミドライイースト …… 1.2%／60g
- 塩 …… 2.6%／130g
- オーガニックシュガー …… 15%／750g
- 牛乳 …… 30%／1500g
- 水 …… 21〜25%／1050〜1250g
- クロワッサンの2番生地
  …… 11%／550g
- 折り込み用発酵バター（レスキュール）
  …… 50%／2500g
  （生地1800gに対して500gを使用。500gずつのシート状のものを用意しておく）

工程

ミキシング
ミキサーボウルにクロワッサンの2番生地以外の材料を投入。低速で少し撹拌してから、2番生地を加える
↓
低速10分・こね上げ温度23℃

大分割・丸め
1800g

1次発酵
7℃・10時間〜12時間

のばす
厚さ8mm
↓
−10℃・約9時間

折り込み
3つ折り（バターは2つ折りになる）
↓
4つ折り
↓
3つ折り

成形
生地を底辺8×高さ21cmの二等辺三角形（1枚約60g）にカットし、底辺から巻く

最終発酵
28℃・湿度75%・3時間30分〜4時間

焼成
上火240℃・下火230℃・計12分

ミキシング

1 ミキサーボウルにクロワッサンの2番生地以外の材料を入れ、低速でミキシング。粉と水分が少し混ざったところで、2番生地を加え、しっかりつながった状態になるまで、低速でトータル10分ミキシングする。こね上げ温度は23℃。

2番生地を加えるのは、伸展性を高めるとともに、生地にもバターの風味を加えて香りを高めるため。2番生地を最初から加えて撹拌すると粉がとぶので、粉がなじんでから加えます。10分かけてしっかりとミキシングするのは、グルテンの膜をしっかり構築し、伸展性のよい生地をつくるため。層は薄いけれど、ホロホロとくずれるのではなく、サクッと心地よい歯ざわりをめざします。

大分割・丸め

2 こね上げた生地を1800gに分割。分割した生地の奥側の端をつかみ、中心に向かって折り返して手の付け根で押さえる。反時計まわりに生地を回転させながら、この作業を2周ほどくり返して表面をなめらかにととのえ、中心部の合わせ目をとじる。

ここでグルテンの向きをととのえ、きれいな球形に丸めておくことで、1次発酵で生地が均等に膨らみ、折り込み時になめらかにのびるようになります。生地が固めなので、そば打ちや陶芸で行われる菊練りの要領で丸めます。

1次発酵

3 生地を、とじ目を下にしてプラックにのせ、ビニールシートをかけて7℃の冷蔵庫に10時間〜12時間置く。発酵後は約1.5倍に膨らんでいる。

発酵前

発酵後

098

のばす

4 作業台に打ち粉をふり、合わせ目を上にして生地を置く。手のひらで押してつぶし、ガスを抜く。

5 生地を手のひらで平らにして、シーターに通して、形と厚みをととのえる。のばした生地が長方形になるよう、上下左右にとび出た部分を内側に折り込んで、形をととのえる。

6 生地を、向きを変えながらシーターに数回通し、最終的に40×30cm、厚さ8mmの長方形にのばす。シーターで生地をのばす際は、徐々に目盛りを小さくするのがポイント。

7 プラックに置き、ビニールシートをかけて、−10℃の冷凍庫で休ませる（約9時間）。

シーターの幅を細かく調節しながらのばすのは、一気に薄くしようとすると生地があれてきれいにのびないから。0.5〜1cmずつ目盛りを小さくしながら、徐々に薄くのばしていきます。

折り込み

8 折り込み用発酵バター500gを5個分、それぞれ麺棒でたたいて平たく形をととのえた後、打ち粉をふってシーターに通し、30×27cm程度の長方形にする。

9 生地にバターをのせる（1800gの生地に対し500gのバター）。生地の3分の1にバターがのっていない状態にする。ビニールシートをかけて−10℃の冷凍庫に10分ほど置き、生地とバターの固さをそろえる。

10 冷凍庫から出し、手のひらで軽くたたいてバターと生地を密着させた後、バターをのせた側からシーターに通し、厚さ7mmにのばす。

11 バターがのっていない側から折り返し、反対側の端から生地を折り返し、3つ折りにする。

12 4つ折りを行う。折り重ねた生地の輪が手前から見て（以下同）上下にくるように生地の向きを90度回転させてからシーターに通す。厚さ4.5mmにのばした後、左端から生地を10cmほど折り返し、右端からも折り返して両端を合わせる（写真上）。左右の端を合わせて2つ折りにする（写真下）。

13 輪が上下にくるように生地を置き、シーターに通して厚さ13mmにのばす。プラックにのせ、ビニールシートをかけて−10℃の冷凍庫で1時間休ませる。冷凍庫から取り出し、輪が上下にくるように生地を置いてシーターに通し、厚さ4.5mmにのばす。左右から折り返して3つ折りにする。

14 生地を、向きを変えながらシーターに数回通して、形と厚みをととのえる。40×30cm、厚さ13mmの長方形にのばしたら、プラックに移し、ビニールシートをかけて−10℃の冷凍庫に1晩置く。

バターの固さを目と手で確認しながらベストな状態でスピーディーに作業を行い、できるだけ端までバターをいきわたらせるために、バターを包まないこの方法をとっています。バターを生地で完全に包み込んでしまうと、バターが割れたり、やわらかくなったりしても目で確認することができませんし、折り返した部分がぶ厚くなってバターの入らない部分ができてしまいます。この折り込み方は工程的には3つ折り→4つ折り→3つ折りですが、最初に3つ折りにした段階でバターの層は2層になるため（下写真）、最終的にバターの層は2×4×3の24層になります。

成形

15 輪が左右にくるように生地を置き、打ち粉をふってシーターに通し、長さ44cm、厚さ9mmにのばす。その後、生地の向きを90度回転させてシーターに通し、厚さ4.5mmにのばす。

16 2つ折りにしてプラックに置き、ビニールシートをかけて−10℃の冷凍庫で30分〜1時間休ませる。

17 生地と作業台に打ち粉をふり、折り目が左側にくるように置いて、上辺の不ぞろいな部分を切り落とす。上辺から縦に約42cmの位置に印をつけ、水平に刃を入れ、下辺の不ぞろいな部分を切り落とす。切り落とした生地は翌日のクロワッサンの仕込みなどで2番生地として使う。

18 上下の中央の位置で水平にカットし、底辺8×高さ21cm、1枚の重さ約60gの二等辺三角形に切り分ける。均一に焼き上がるよう、重さの誤差は1〜2gにとどめる。打ち粉をはらい、乾燥しないよう、霧吹きで水を吹きつける。三角形の頂点を引っ張り、1.4倍(約30cm)にのばす。

19 底辺を2〜3mm折り返して軸をつくり、頂点に向かってゆるみがないように巻く。

このあたりに軽くへこみができて、ほどよく生地が反る

親指で生地にほどよく圧をかけつつ

生地の上をスーッとすべらせながら引っ張ると

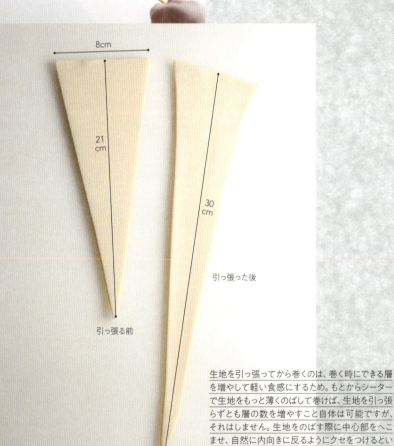

8cm / 21cm / 30cm
引っ張る前　引っ張った後

生地を引っ張ってから巻くのは、巻く時にできる層を増やして軽い食感にするため。もとからシーターで生地をもっと薄くのばして巻けば、生地を引っ張らずとも層の数を増やすこと自体は可能ですが、それはしません。生地をのばす際に中心部をへこませ、自然に内向きに反るようにクセをつけるというひと手間をかけることで、焼成時に生地が暴れず、きれいな形に焼き上げることができます。こういう点においても手でのばす意味があるのです。

最終発酵

20 天板に生地を並べ、28℃・湿度75％のホイロで3時間30分〜4時間発酵させる。発酵後の生地は約2倍に膨らんでいる。

発酵前　　　　　　　　　　　　　　発酵後

焼 成

21 溶き卵（分量外）を2本の刷毛で表面にまんべんなく塗る。

両手に刷毛を持つと生地の中心から左右均等に刷毛を動かすことができ、塗り残しやムラなく、スピーディーに塗ることができます。

22 網をかませた天板をデッキオーブンに入れ、上火240℃・下火230℃で8分焼成。天板の前後を入れ替えてさらに4分焼く（網をかませない場合は上火230℃・下火180℃で焼成）。

クロワッサン 生地を使って

パン・オ・ショコラ

→P190

クロワッサン生地を厚さ4mmにのばし、約60gの長方形にカットした後、バトン・ショコラを3本巻いて発酵。溶き卵を塗って焼成しています。しっかりとしたカカオ感のあるオーガニックチョコレートと、外はサクッとこうばしく、中はしっとりなめらかな口あたりの生地が、口の中で一体となって溶ける。そんなバランスに仕上げた1品です。

クロワッサン 生地を使って

クロワッサンの2番生地を厚さ3mmにのばし、メープルシュガーを全体にふってハート形に成形。発酵をとらずに焼くことで、ザクッと歯ざわりよく仕上げたパイ菓子。片面にメープルシュガーをまぶし、まぶした面を上にして焼成することで、糖分がキャラメリゼされ、バリッとこうばしく、濃厚な味わいに。よりおいしそうな色に焼き上がります。

パルミエ

☞ P191

クロワッサン 生地を使って

バトン・シュクレ

☞ P192

クロワッサンの2番生地でつくるおやつパイ。2番生地は厚みが均一になるよう縦横にバランスよく並べて冷凍保存。厚さ7.5mmにのばして棒状にカットし、ねじりを加えて冷凍後、発酵をとらずに焼き上げてサクサクとした食感に仕上げます。焼き上がったら、熱いうちに含蜜糖とシナモンパウダーをまぶして完成。含蜜糖のやわらかな甘味が印象的な1品です。

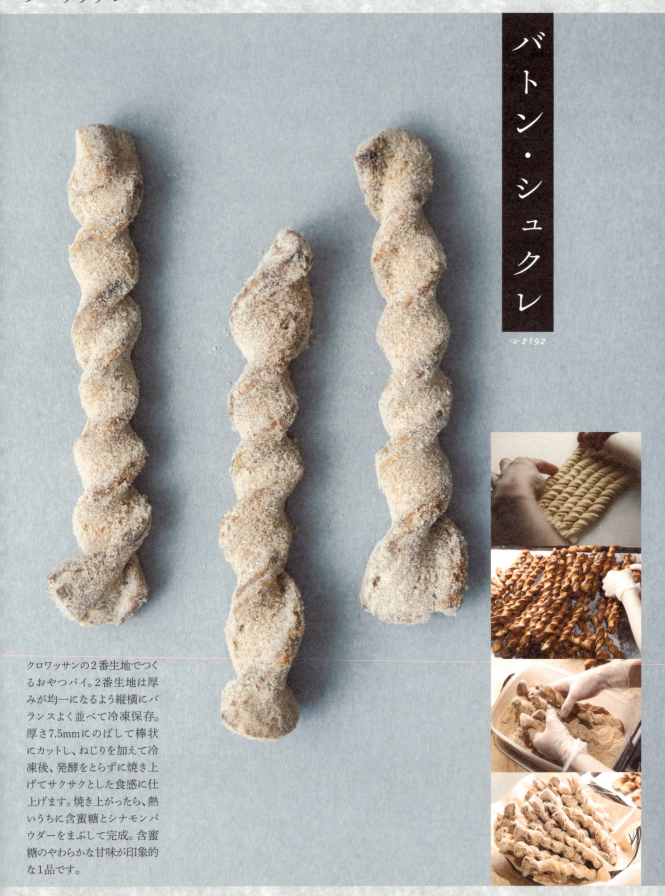

クロワッサン 生地を使って

バトン・シュクレと同様に2番生地を使用。生地をのばす際にパルミジャーノ・レッジャーノチーズやグリュイエールチーズをふって成形、焼成する、ワインにぴったりなおつまみパイ。イベントでは長めの棒状に成形し、生ハムを巻いて提供したことも。チーズに加えて黒コショウやローズマリーをふるなど、いろいろなアレンジが可能なアイテムです。

バトン・サレ
☞ P193

105

クロワッサン 生地を使って

鶏肉と根菜のキッシュ

☞P194

"生地までおいしいキッシュ"をテーマに、クロワッサンの2番生地でつくったキッシュ。鶏肉と相性のよい彩り豊かな根菜を合わせてカラフルに仕上げました。生地の味がしっかりしているので、アパレイユは茶碗蒸し程度のやさしい味、ギリギリのやわらかさに。具材とアパレイユを3回に分けて焼き、最後に具材をトッピングして仕上げます。

クロワッサン 生地を使って

クロワッサンの2番生地を厚さ3mmにのばし、型に敷いて空焼き。ベーコン、チョリソー、生ハムなどのシャルキュトリーとカマンベールチーズを並べ、アパレイユを流して焼き上げたおつまみになるキッシュ。断面の美しさと食べた時の味の変化を考えて、中を3層に分け、1層ごとに焼成。最後に具材をトッピングし、オリーブ油をかけて仕上げます。

シャルキュトリーとカマンベールチーズのキッシュ

☞ P195

パン デ フィロゾフの店づくり
Pain des Philosophes

唯一無二のパンを、ヴィンテージ感のある空間で

　東京・神楽坂の急な坂道に建つビルの1階。この場所に、2017年9月、「パン デ フィロゾフ」はオープンした。自分の店を出すなら、料理と合わせて楽しむハード系や食事パンを中心に提供するパン屋にしようと考えていたから、出店場所はワインやチーズと一緒にパンを日常的に楽しんでいる人たちが多く住む神楽坂がいい。以前からそう考えていた。「ドミニク・サブロン」で7年シェフを務めた後、神楽坂でいい物件が見つかったら開業しようと、コンサルタントの仕事をしながら2014年から物件探しをはじめた。だが、納得のいく物件が見つからないまま時が過ぎ、この物件に出合ったのは、もう一度どこかの店のシェフとして働こうかと考えはじめたころだった。

　神楽坂駅から徒歩3分。急な坂道の途中にある、もとガレージだった物件は、約12.5坪と希望よりも小さめだったが、ひと目見て「ここならうまくいきそうだ」と思えた。唯一、問題だったのは、構造上梁が多く、導入を予定している厨房機器が入りきらない可能性があること。そこで、物件を申し込む段階で厨房の設計図を描き、使いたい機器類がすべて収まるかどうかを確認。問題なく厨房をつくることができるとわかり、2017年6月、賃貸契約を結んだ。

109

　設計・施工管理は、レストランやカフェの設計を数多く手がけている「ブラウンバッグ ラボ」の阿部信吾さんに依頼した。イメージしたのは、時間を経てさらに魅力を増すヴィンテージ感のある店。温かみのあるパンを並べる空間は、できるだけシンプルなほうがいいと考え、鉄と木と石を基調に。アンティークのインテリアを取り入れ、シャープな印象の店舗をつくろうと考えた。

　店づくりは厨房設計からスタートし、残るスペースを使ってコンパクトな対面式の売り場をつくることにした。対面式にしたのは、一人ひとりのお客さまに、パンに合わせる料理や食材の提案をしていきたいと考えたからだ。

　パンの陳列台は、埼玉の工房でつくってもらった。素材は、さっと拭くだけできれいになり、パンを直接並べることができる木製のフローリング材を選択。さまざまな色合いのフローリング材をパズルのように組み合わせ、表情豊かに仕上げていく作業を僕自身も現場で一緒に行い、納得のいく色、形に仕上げた。

　店の顔となる扉や窓枠は、エイジング加工を施すことで、ヴィンテージ感を演出。天井には、匂いを吸収する効果のあるコーヒーかす入りの塗料を塗り、深みのある色合いに。海外の照明作家がつくった鉄製ライトを取り寄せて陳列台を照らすなど、細部にまでこだわり抜き、約2.5坪の売り場をつくり上げた。

　一方、約10坪の厨房には、物件取得前に描いた図面をもとに機材を配置。4枚ざし3段のデッキオーブン「トーラックスオーブン UT」(戸倉商事)は、厨房の規模からすると大きめだが、蒸気ののりやパワーの強さなど機能面が気に入っていたことから導入した。

　生地はほぼオーバーナイトで仕込むため、ドウコンは2台導入。場所をとる冷凍庫や冷蔵庫はすべて台下タイプにすることで作業スペースを確保した。ちなみに台下冷凍庫は、以前の職場で天板をそのまませるタイプを特注したことがあり、それが便利だったことから同じものをオーダー。ミキサーはハード系に向く縦型の50コート(愛工舎製作所)、パイシーターは厚み調整の設定が細かくでき、作業性のよいロンド社の卓上タイプを選び、3人体制で日商50万円分のパンが製造可能な厨房をととのえた。

　機材選びはいっさい妥協しなかったが、ガレージだったころのブロック壁をそのまま生かし、安価な防音ボードを厨房の天井に使うなどしてコストダウン。約1ヵ月の内外装工事を経て、自分のスタイルで自由にパンづくりを行う新たなスペースが完成した。

店名は名前の「哲」にちなみ、フランス語の「フィロゾフ（哲学者）」を組み合わせてパン デ フィロゾフと命名。看板やショップカードは、榎の葉をモチーフに葉っぱの形にデザインした。葉っぱ形のカードは、リンゴの木をイメージしたスペシャリテ「ポミエ」[P058]にひもで結んで提供。店のアイコン的な存在ともなっている。

　このポミエや、ドミニク・サブロン時代のレシピを進化させた「ル・ヴィニュロン」[P070]などのスペシャリテはもちろん、提供しているパンはどれも思い切り自分らしさを表現したアイテム。ハード系と食事パンを中心にクロワッサンとパン・オ・ショコラ、あとはおやつ向けのパンを数品。パン デ フィロゾフではオープン以来、自分がつくりたいパンだけをエゴイスティックにつくっている。

　パン デ フィロゾフというパン屋は、この1店で完結した存在。今後、多店舗展開するつもりはまったくない。ただ、日本のどこかの町からオファーがあり、さまざまな条件がととのったら、その町のもち味を生かしたオリジナルのパンを新たに表現してみるのもいいかもしれないと思っている。

　パン デ フィロゾフでも、プロデュース店でも、固定観念にとらわれることなく、つねに自由な発想で。そこへ行かなければ食べられない、唯一無二のパンをつくり続けていきたいと考えている。

chapter 5

レストラン向けのパン

ORI（オリ）

キタノカオリ全粒粉のクリーミーな甘味＋ルヴァン種の酸味。
ワインとチーズがすすむカンパーニュ

　行きつけのワインバーのオーナーから「ワインに合う食事パンを」と頼まれて考案したのが、このORI。「店ではとくに料理はつくらず、チーズやハムと一緒に提供する予定」と聞いていたので、チーズやシャルキュトリーと合わせるだけでお酒のあてになる、シンプルだけれど旨味のあるパンに仕上げることにしました。

　ベースとなる粉は、クリーミーな甘味をもつ「キタノカオリ全粒粉」をセレクト。味に奥行を出すため「スム・レラT70」とライ麦粉も加えています。料理と合わせるのではなく、酒のつまみとして食べるパンなので、乳酸菌由来の酸味でキレよく仕上げようとルヴァン種を使用。ブラウンシュガーのような甘味があるレーズン種とパート・フェルメンテを併用して、風味と発酵力を高めています。

 キタノカオリ全粒粉 茶 60%
×
 スム・レラT70 茶 35%
×
 ライ麦粉1150 灰 5%

材料（2個分）

北海道産全粒粉
（アグリシステム「キタノカオリ全粒粉」）
……60％／600g

北海道産石臼挽き準強力粉
（アグリシステム「スム・レラT70」）
……35％／350g

ドイツ産石臼挽きライ麦粉
（タテノインターナショナル「ライ麦粉1150」）
……5％／50g

塩……2.3％／23g

ルヴァン種*1……10％／100g

レーズン種*2……10％／100g

パート・フェルメンテ*3……10％／100g

水……80％／800g

*1 ルヴァン種の起こし方
1日目　ライ麦全粒粉（江別製粉「北海道産ライ麦全粒粉」）100gとオレンジハチミツ5g、水100gを混ぜる。混ぜ上げ温度28〜30℃。ふたをして28℃の場所に24時間置く。
2日目　元種200gにライ麦全粒粉400g、オレンジハチミツ10g、水350gを加えて混ぜる。混ぜ上げ温度28〜30℃。ふたをして28℃の場所に12時間置く。
3日目　元種40gに石臼挽き強力粉（ニップン「グリストミル」）400g、オレンジハチミツ10g、水390gを加えて混ぜる。混ぜ上げ温度28〜30℃。ふたをして28℃の場所に12時間置く。
4日目　元種40gに石臼挽き強力粉400g、オレンジハチミツ10g、水390gを加えて混ぜる。混ぜ上げ温度20℃。ふたをして20℃の場所に12時間置く。
5日目　ルヴァン種の完成。5℃の冷蔵庫で保存する。pHは4.0〜4.1程度。2日間使用でき、2日以内に種継ぎする。種継ぎは4日目と同様に仕込み、発酵させる。

*2 レーズン種の起こし方（以下、つくりやすい分量）
レーズン1kg、グラニュー糖600g、湯（40℃）2kgを密閉容器に入れ、朝と夕に1回ずつ混ぜて30℃の場所に5日ほど置く。レーズンが浮き、シュワシュワと泡が立ったら漉して汁と具を分け、5℃の冷蔵庫で保存。5日以内に使い切る。

*3 パート・フェルメンテのつくり方
フランス産準強力粉（日東富士製粉「シャントゥール」）100％、塩2.1％、モルト水（モルト液と水を1：1で合わせたもの）1％、セミドライイースト0.4％、水63％の割合でミキサーボウルに合わせ、低速で3分、中速で1分ミキシング（こね上げ温度24℃）。27℃・湿度75％で3時間発酵。5℃の冷蔵庫で保存し、翌日中に使い切る。

工程

ミキシング
　ミキサーボウルにすべての材料を投入
　↓
　低速3分・中速3分・中高速3分・こね上げ温度20〜22℃

1次発酵
　7℃・10時間

分割・成形
　1060g・丸形

最終発酵
　室温・1時間

焼成
　クープ（計10本）→上火240℃・下火240℃・蒸気1秒×3回・35分

ミキシング

1 ミキサーボウルにすべての材料を入れ、低速で3分ミキシングし、ボウルの側面に付いた生地をはらう。中速で3分、中高速で3分ミキシング。薄い膜状にのびるようになればこね上がり。こね上げ温度は20〜22℃。

生地に酸味をもたせたかったので、乳酸菌系の酸味をもつルヴァン種を使い、茶色系の小麦粉と相性のよいレーズン種で自然な甘味をプラス。発酵の助けとしてパート・フェルメンテを加えています。

ルヴァン種／レーズン種／パート・フェルメンテ

1次発酵

2 7℃の冷蔵庫で10時間発酵をとる。発酵後の生地の表面には大きな気泡が見える。

発酵前

発酵後

分割・成形

3 生地と作業台に打ち粉をふり、生地を作業台に移す。生地の形を長方形にととのえ、手前から奥に2つ折りにする。

4 約1060gずつに2等分する。

5 生地を四角くととのえ、角が手前になるように置く。奥の角を中心まで折り返す。左右の角を中心まで折り返す。手前の角を中心まで折り返す。同様の作業をもう一度くり返す。

6 生地を手前から2つ折りにして表裏を返す。生地を回転させながら合わせ目に向けて生地を引っ張り、表面を張らせる。合わせ目をしっかりとじる。

7 バヌトンに麻布を敷く。打ち粉をふり、とじ目を上にして生地を入れる。

最終発酵

8 室温で1時間発酵させる。

焼成

9 クープを十字に入れ、さらにまわりに2本ずつ、計10本クープを入れる。
縦にのびる力の強い生地なので、自由に窯のびしてクープがしっかり開くよう、クープを多めに、ざっくり入れています。

10 上火240℃・下火240℃のデッキオーブンに入れ、スチームを1秒ずつ3回入れる。つややかな茶色の焼き色が付くまで、35分焼成。外はカリッとこうばしく、中はしっとり焼き上げる。

ビーツのパン

ビーツを練り込み、ナチュラルな「赤」を表現。
ほのかな甘味のある滋味豊かな生地は、肉料理と相性抜群

　イタリアンレストランの周年記念のイベント用に「赤い色が印象的な高加水のパンをつくってほしい」とオーダーを受け、開発したアイテム。「オープンサンドにして提供する予定」と聞き、甘味や酸味の強いフルーツではなく、ビーツを使って自然な赤色を表現することにしました。

　小麦の甘味を生かしつつ、雑味を加えて味に奥行を出したかったので、粉はキタノカオリ100%の「粉粋」をメインに、「グリストミル」と「スム・レラT70」をブレンド。酵母はビーツの甘味と相性のよいレーズン種と、味に深みが出るルヴァン種を使用し、水分量の多い生地の発酵を安定させるためにセミドライイーストも少量加えています。土っぽさのあるビーツの風味は、肉料理と好相性。軽めの白いチーズを添えると、コクが増し、見た目にも映えますよ。

粉粋 黄 70% × グリストミル 灰 20% × スム・レアT70 茶 10%

材料（4個分）

国産強力粉（平和製粉「粉粋」）
　……70％／700g
石臼挽き強力粉（ニップン「グリストミル」）
　……20％／200g
北海道産石臼挽き準強力粉
　（アグリシステム「スム・レラT70」）
　……10％／100g
塩……2.5％／25g
ルヴァン種*1……5％／50g
レーズン種*2……5％／50g
セミドライイースト……0.12％／1.2g
ビーツピュレ*3……80％／800g
水……30～35％／300～350g

*1　ルヴァン種の起こし方
1日目　ライ麦全粒粉（江別製粉「北海道産ライ麦全粒粉」）100gとオレンジハチミツ5g、水100gを混ぜる。混ぜ上げ温度28～30℃。ふたをして28℃の場所に24時間置く。
2日目　元種200gにライ麦全粒粉400g、オレンジハチミツ10g、水350gを加えて混ぜる。混ぜ上げ温度28～30℃。ふたをして28℃の場所に12時間置く。
3日目　元種40gに石臼挽き強力粉（ニップン「グリストミル」）400g、オレンジハチミツ10g、水390gを加えて混ぜる。混ぜ上げ温度28～30℃。ふたをして28℃の場所に12時間置く。
4日目　元種40gに石臼挽き強力粉400g、オレンジハチミツ10g、水390gを加えて混ぜる。混ぜ上げ温度20℃。ふたをして20℃の場所に12時間置く。
5日目　ルヴァン種の完成。5℃の冷蔵庫で保存する。pHは4.0～4.1程度。2日間使用でき、2日以内に種継ぎする。種継ぎは4日目と同様に仕込み、発酵させる。

*2　レーズン種の起こし方（以下、つくりやすい分量）
レーズン1kg、グラニュー糖600g、湯（40℃）2kgを密閉容器に入れ、朝夕に1回ずつ混ぜて30℃の場所に5日ほど置く。レーズンが浮き、シュワシュワと泡が立ったら漉して汁と具を分け、5℃の冷蔵庫で保存。5日以内に使い切る。

*3　ビーツピュレのつくり方
ビーツを皮ごと4～5cm角にカットし、天板にのせて上火200℃・下火200℃のデッキオーブンに入れ、最初と途中に適宜蒸気を入れながら、竹串がスッと入るやわらかさになるまで約40分蒸し焼きにする。ミキサーにかけてピュレ状にする。ビーツ2kgからピュレが1.2kg程度できる。

工程

ミキシング
　ミキサーボウルにすべての材料を投入
　↓
　低速3分・中速8分・こね上げ温度20～22℃

1次発酵・パンチ
　室温・30分
　↓
　パンチ
　↓
　7℃・12時間～18時間

分割・丸め
　570g

ベンチタイム
　15～20分

成形
　なまこ形

最終発酵
　18℃・湿度80％・1時間～2時間

焼成
　クープ1本
　↓
　上火240℃・下火230℃・蒸気1秒×3回・28分

ビーツピュレ

ミキシング

1　ボウルにルヴァン種とレーズン種を合わせる。

2　ミキサーボウルに1とそのほかの材料を投入。低速で3分、中速で8分ミキシングする。薄い膜状にのびるようになれば、こね上がり。こね上げ温度は20～22℃。水分量はビーツのピュレの固さに合わせて調整する。

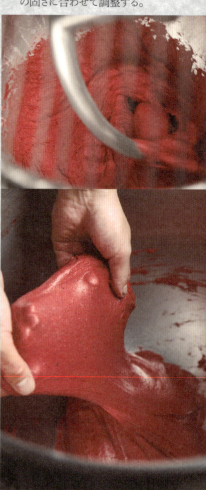

ビーツピュレを粉対比80％加えているため、生地がつながりにくいので、しっかりミキシングしてつなげておくようにします。

1次発酵・パンチ

3 生地をボウルに移し、室温に30分置く。

4 パンチを行う。生地と作業台に打ち粉をふり、生地を作業台に移す。生地を手前と奥から折り返して3つ折りにする。90度回転させ、手前と奥から3つ折りにする。手前からクルッと回転させて合わせ目を下にしてボウルに戻す。

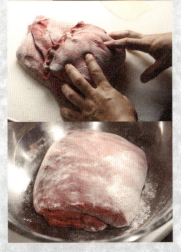

5 7℃の冷蔵庫で12時間〜18時間発酵させる(写真は発酵後)。

分割・丸め

6 生地と作業台に打ち粉をふり、生地を作業台に移す。ボウルに接していた面に、細かい網目状のグルテン組織が見える。

7 生地を4等分にカットし、軽くたたいて長方形に形をととのえる。奥から折り返して2つ折りにし、合わせ目を押さえてとじる。

123

ベンチタイム

8 合わせ目を下にしてばんじゅうに並べ、ふたをして15〜20分休ませる。

成形

9 生地と作業台に打ち粉をふり、合わせ目を上にして生地を置く。手のひらで押さえて平らにし、長方形に形をととのえる。

10 手前から折り返して2つ折りにし、合わせ目を押さえてとじる。奥から3分の1折り返して、合わせ目をとじる。奥から2つ折りにして合わせ目をしっかり押さえてとじる。

11 生地を両手で転がして、なまこ形にととのえる。

手前から折り返して2つ折りに

奥から3分の1折り返して、合わせ目をとじ、

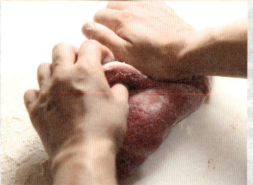

さらに奥から2つ折りにして、合わせ目をとじる

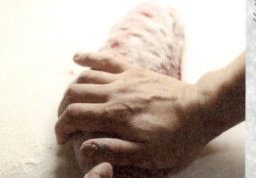

最終発酵

12 全体に打ち粉をまぶし、ひだをつくったキャンバス地に並べる。全体に粉をまぶすのは、キャンバス地が赤く染まるのを防ぐため。

発酵前　　　　　　　　　　　　　　発酵後

13 18℃・湿度80％のドウコンで1時間～2時間発酵させる。

焼成

14 スリップピールに移す。しっかり縦に窯のびさせるため、クープが大きく開くよう長めに1本入れる。

15 上火240℃・下火230℃のデッキオーブンに入れ、スチームを1秒ずつ3回入れる。28分焼成する。

フォカッチャ

レストランの厨房でも無理なく、おいしく。
デュラム小麦粉でつくる、もちもち食感のフォカッチャ

　神楽坂のフレンチレストラン「フロレゾン」さんとのコラボ企画で、テイクアウトのランチボックス用に考案したレシピです。デッキオーブンやドウコンのないレストランの厨房でも無理なく、おいしくつくれるよう、工程はごくシンプルに。短めのミキシングの後はパンチと成形で生地をつくり、天板で大きく焼いて切り分けるスタイルにしました。

　粉は、甘味があり、きれいな黄色に焼き上がるデュラム小麦粉「ソティール」を100％使用。一部を湯種にすることで、しっとり、もちもちの食感に仕上げています。チーズやハーブを加えるなどのアレンジが自由にできるよう、生地自体の風味付けは最小限に。今回は乾燥防止のためにオリーブ油を塗り、自家製セミドライトマトとタイムをちらして彩りよく仕上げました（P131参照）。

ソティール 黄 100%

材料（天板1枚分）

湯種
- デュラム小麦粉（日東富士製粉「ソティール」）……20％／200g
- 熱湯……40％／400g
- グラニュー糖……1％／10g

本ごね
- デュラム小麦粉（日東富士製粉「ソティール」）……80％／800g
- 塩……2％／20g
- グラニュー糖……5％／50g
- セミドライイースト……1％／10g
- グラナパダーノチーズパウダー……5％／50g
- EXVオリーブ油……10％／100g
- 水……60％／600g

仕上げ用
- セミドライトマト*……適量
- タイム……適量
- EXVオリーブ油……適量

＊セミドライトマトのつくり方
半割りにしたミニトマトにEXVオリーブ油と塩を各適量まぶし、天板に並べて上火150℃・下火150℃のオーブンで30分以上かけてじっくり火を入れる。

工程

湯種をつくる
ボウルに粉、熱湯、グラニュー糖を入れ、ヘラで混ぜる・こね上げ温度70℃以上
↓
7℃の冷蔵庫で1晩冷蔵

ミキシング
ミキサーボウルに仕上げ用以外の材料と湯種を投入
↓
低速3分・中速2分・こね上げ温度25～27℃

1次発酵・パンチ
28℃・湿度85％・30分
↓
パンチ
↓
28℃・湿度85％・30～40分

成形
長方形

最終発酵
28℃・湿度85％・1時間

焼成
上火230℃・下火230℃・蒸気1秒×2回・15分
↓
上火200℃・下火230℃・5分

仕上げ
表面にEXVオリーブ油を塗り、セミドライトマト、タイムをちらす

湯種をつくる

1 ボウルにデュラム小麦粉、熱湯、グラニュー糖を入れ、全体が均一になじむまでヘラで混ぜる。こね上げ温度は70℃以上。ビニールシートで包み、粗熱がとれたら7℃の冷蔵庫で保存。翌日使用する。

湯種に粉対比1％のグラニュー糖を加えるのは、保湿のため。これ以上入れると甘味が出てしまうので最小限の分量を加えています。

ミキシング

2 ミキサーボウルに仕上げ用以外の材料を入れ、湯種をちぎって加える。低速で3分、中速で2分ミキシング。こね上げ温度は25～27℃。

この段階では引っ張るとぷつっと切れる状態。この後、パンチと発酵でグルテンをつないでいきます。

1次発酵・パンチ

3 28℃・湿度85%のドウコンに30分置く。

4 パンチを行う。生地と作業台に打ち粉(デュラム小麦粉)をふり、作業台に生地を移す。長方形に形をととのえ、手前から3分の1折り返し、合わせ目を押さえる。奥から折り返して3つ折りにする。手のひらで押さえて平らにならし、長方形にする。

5 生地を90度回転させる。手前から生地を3分の1折り返し、合わせ目を押さえる。奥に向かってクルッと回転させる。

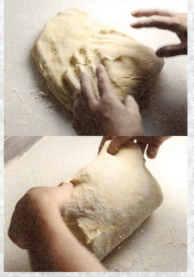

6 合わせ目を下にしてボウルに戻し、28℃・湿度85%のドウコンで30〜40分発酵させる。

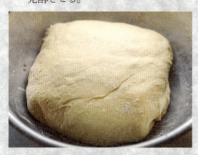

成形

7 生地と作業台に打ち粉をふり、生地を作業台に移す。四角く形をととのえ、手のひらで押さえて平らにならす。

8 手前と奥から生地を折り返し、端を少し重ねる。合わせ目をしっかり押さえる。

9 生地を90度回転させる。手のひらで押さえて平らにならす。手前と奥から生地を折り返し、端を少し重ねる。合わせ目をしっかり押さえる。

10 表裏を返して、麺棒で生地を縦、横にのばし、44×32 cm、厚さ2cm程度にする。

最終発酵

11 天板にオーブンシートを敷いて生地をのせ、28℃・湿度85％のドウコンで1時間最終発酵をとる。発酵後は1.2倍程度に膨らんでいる。

発酵前　　　　　　　　　　　　　　　　　　　発酵後

焼成

12 両手の人さし指と中指にオリーブ油を付け、生地にさして、深さ3cm程度の穴を28個あける。

13 上火230℃・下火230℃のデッキオーブンに入れ、スチームを1秒ずつ2回入れる。15分焼成後、上火200℃・下火230℃にして5分焼く。コンベクションオーブンを使用する場合は、170〜180℃で25分ほど焼成する。

仕上げ

14 生地が乾燥しないよう、EXVオリーブ油を刷毛で全体に塗る。

15 セミドライトマト、タイムをちらす。仕上げにかけるものは、岩塩やバジル、ローズマリー、エルブ・ド・プロヴァンス、チーズなど、お好みでアレンジを。

ビストロ「ドゥ フイユ」の 食事パン

パン・ドゥ・フイユ

☞P196

2022年に僕が神楽坂にオープンしたビストロ「ドゥ フイユ」で提供しているパン。湯種を使うアルファバゲットと米麹種を加えるバゲット・オリゼーのいいとこ取りをしたアイテムです。店名でもある二葉の形に成形することで表面積が増え、醤油煎餅のようなこうばしさがより鮮明に。僕がつくるバゲットのなかで、一番気に入っている生地です。

ビストロ「ドゥ フイユ」のこと
deux feuilles

食の世界を広く、深く楽しむために

　料理は食べるのも、つくるのも好きだし、食全体のなかのパンという存在を料理の目線から見てみたいという思いも強かったので、パン屋を開いたら5年後くらいをめどにビストロをはじめようと考えていた。

　ビストロを出すのにちょうどよさそうな物件が見つかったのは、パン デ フィロゾフをオープンして3年半が過ぎたころ。神楽坂の路地に建つビルの半地下に立地する約16坪の物件は、落ち着いた雰囲気で、ここなら思い描いていたとおりの店がつくれそうだと考えた。

　イメージしていたのは、吟味した旬の素材でつくる料理を気軽に味わえて、ワインも日本酒も楽しめる、リーズナブルでおいしい居酒屋風のビストロ。想定していたより時期は少しはやめだったが、今ならタイミング的にも大丈夫だろうと判断し、すぐに物件を取得。店名の「ドゥフイユ」は、フランス語で「2枚の葉」。パン デ フィロゾフを1枚目の葉、ドゥフイユは2枚目の葉という意味を込めた。

　出店が決まると、まずは旧知の仲だった高橋優太にシェフを依頼。高橋とは数年前、神楽坂のとある店で出会い、料理と人柄に惚れ込んで「いつかかならず料理屋を開くから、その時はよろしく」とオファー。数年越しの約束を果た

135

した後は、2人で岩手へ食材探しの旅へ。生産者の方たちとも交流し、気に入った食材を取り入れながらメニュー開発を進めていった。

　店舗デザインは、パン デ フィロゾフの内外装をお願いした「ブラウンバッグ ラボ」の阿部信吾さんに依頼。パン デ フィロゾフ同様、打ちっぱなしのコンクリート壁を生かしたスタイリッシュな雰囲気ながら、パンが醸し出すぬくもり感がないぶん、木を多めに使い、形のバラバラな木製のアンティークチェアを置いて、温かみの感じられる空間に仕上げてもらった。

　一方、厨房はスタッフの姿が格好よく映えるステージのイメージで、カウンター席を備えたオープンキッチンに。カウンタートップには建築現場の足場材だった板を使用し、特注したカウンターチェアを配して、料理をする姿を眺めながら、気楽に食事やお酒を楽しめるスペースとした。カウンターの背面にはウォークインタイプのワインセラーを設置し、自然派ワインや国産ワイン、日本酒、クラフトビール、旅先で出合った果汁100%ジュースなど、バラエティ豊かなドリンクをラインアップした。

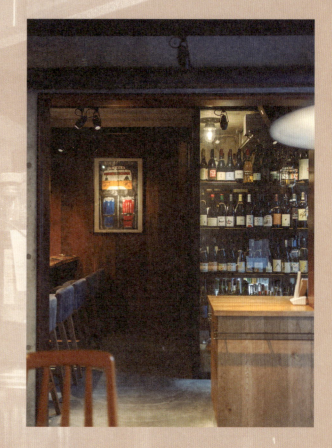

　料理は、イタリアンや和食、フレンチなどの要素を融合した品をアラカルトとコースで提供。フォン・ド・ヴォーと赤ワインのソースで仕上げる「エゾ鹿シンタマのロースト」、新鮮な旬の魚介でつくる「本日の刺し盛り」、高知産のヤギ肉を使用した「山羊の串焼き」など、旬の素材でつくる多彩なメニューをジャンルにこだわらずに提供していくことにした。

　高橋の料理とともに味わう食事パンは、新たに開発した「パン・ドゥ・フイユ」[P132,196]。ドゥフイユでしか味わえないこのパンは、湯種を加えてつくるスペシャリテ「アルファバゲット」[P028]と、米麹を使ってこうばしく焼き上げる「バゲット・オリゼー」[P040]のいいとこ取りをしたハイブリッドなアイテムだ。湯種と米麹のアミノ酸がもたらす甘味や、醤油煎餅のようなこうばしさをもつパン・ドゥ・フイユは、しっかりとした旨味があり、料理と相性がよいのはもちろん、ワインや日本酒のつまみにもなる風味豊かなバゲット。ソースをたっぷり吸ってくれるので、ソースを使った皿やスープ仕立ての一品が多いドゥ フイユでは、パンのお代わりをする人が少なくない。

　せっかく店をもったのだから、料理人や給仕人など、さまざまな視点で店を見てみたいと思い、2022年1月にオープンした当初は、僕自身も店に立ち、テーブルサービスな

どを担当していた。今はさすがに忙しくて店には入れないが、時間のある時にはお客として料理とお酒を楽しませてもらっている。そもそも、自分が通いたくなるような店をつくろうとはじめたビストロなので、居心地は最高だ。

ドゥ フイユ開業後も食材探しの旅は続けていて、仕事やオフの旅行でどこかへ出かけた時は、生産者の方たちと会い、その土地の名産品を食べ歩いたりして、新しい出合いを探している。これからも、パン デ フィロゾフではパンの世界をより深く掘り下げ、ドゥ フイユでは食全体に視野を広げて。食をとおして人を楽しませる、自分らしい表現のスタイルを追求していきたいと考えている。

chapter 6 デュラム小麦のパン

さっぱりとした甘味をもつデュラム小麦粉100%。1つは果物を合わせ、酸味と甘味をプラス。もう1つはヘンプシードのこうばしさを際立たせた

デュラム小麦のすっきりとした甘味、香りを最大限に生かすため、生地には細挽きのデュラム小麦粉「ソティール」と塩、イースト、モルト、水のみを配合。デュラム小麦は強力粉ほど水が入らないため、一部を湯種にすることで吸水を高め、しっとり、もっちりとした食感に仕上げています。粉の甘味を引き出せること、保湿力が上がり劣化しにくくなることも、湯種を使う利点です。

甘い系の具材も、しょっぱい系の具材も合うさっぱりとした味わいの生地なので、1品はドライのチェリートマトとマンダリンオレンジの凝縮した甘味と酸味を添えて、おやつにも食事にも向くフルーティーな味わいに。もう1品はナッツのようなこうばしさがあるヘンプシード（麻の実）を組み合わせて、生地自体のおいしさを楽しんでもらう食事パンに仕立てました。

ソティール 黄 100%

チェリートマトとマンダリンオレンジ

フィセル・ドゥ・シャンヴル

チェリートマトと
マンダリンオレンジ

材料（28個分）

湯種
- デュラム小麦粉（日東富士製粉「ソティール」）……20％／400g
- 熱湯……40％／800g
- グラニュー糖……1％／20g

本ごね
- デュラム小麦粉（日東富士製粉「ソティール」）……80％／1600g
- 塩……2.1％／42g
- モルト水*1……1％／20g
- セミドライイースト……0.2％／4g
- 水……55〜57％／1100〜1140g
- トマトオレンジ*2……50％／1000g

*1 モルト液と水を1:1で合わせたもの。
*2 トマトオレンジのつくり方（以下、つくりやすい分量）
鍋に白ワイン375gとグラニュー糖100gを入れて火にかけて沸かし、ドライチェリートマト1000gとドライマンダリンオレンジ750gを加える。混ぜながら、水分がなくなるまで10分ほど中火で加熱。粗熱をとり、密閉容器に入れて冷蔵庫で保管する。約1週間で使い切る。

トマトオレンジ

工程

湯種をつくる
ミキサーボウルに粉、熱湯、グラニュー糖を投入
↓
低速3分・こね上げ温度70℃以上
↓
5℃の冷蔵庫に1晩置く

ミキシング
ミキサーボウルにトマトオレンジ以外の材料を投入
↓
低速3分・中速5分・中高速約3分・こね上げ温度22〜24℃
↓
分割・皮生地1400g分を取り分ける
↓
トマトオレンジを投入
↓
低速約1分

1次発酵・パンチ
20℃・湿度75％・30分
↓
パンチ
↓
7℃・15時間

分割・丸め
復温（室温・1時間）
↓
皮生地50g・中生地125g・丸形

ベンチタイム
室温・45分〜1時間

成形
端を細くした俵形（長さ13.5cm）

最終発酵
18℃・湿度75％・2時間

焼成
クープ3本
↓
上火245℃・下火230℃・蒸気1秒×3回・23分

湯種をつくる

1 ミキサーボウルにデュラム小麦粉、熱湯、グラニュー糖を入れ、低速で3分ミキシングする。こね上げ温度は70℃以上。ラップフィルムで包み、粗熱がとれたら5℃の冷蔵庫で保存。翌日使用する。

湯種に粉対比1％のグラニュー糖を加えるのは、保湿のため。これ以上入れると甘味が出てしまうので最小限の分量を加えています。

ミキシング

2 ミキサーボウルに具材以外の材料を入れ、湯種をちぎって加える。低速で3分、中速で5分ミキシング。ボウルの内側に付いた生地をはらい、生地の状態を確認しながら中高速で約3分こねる。薄い膜状にのびるようになればこね上がり。こね上げ温度は22〜24℃。

デュラム小麦粉はミキシングの許容範囲がふつうの小麦粉よりも狭いので、急につながりはじめ、一気にこね上がります。このことから、オーバーミキシングになりやすいという特性があります。「ソティール」は、粒子が細かいのでセモリナ粉に比べてミキシングの許容範囲が広めですが、ふつうの小麦粉とはでき上がるスピードがちょっと違うので、つながり具合を確認しながらミキシングすることが大切です。

3 皮用の生地1400gを取り分ける。残った生地に、チェリートマトとマンダリンオレンジの具材を1000g加える。

4 ドライチェリートマトとドライマンダリンオレンジを手でほぐしながら、残りの生地が入ったミキサーボウルに入れ、具が混ざるまで、低速で約1分ミキシングする。

1次発酵・パンチ

5 容器に皮用の生地と具入りの生地を入れる。20℃・湿度75%のドウコンに30分置く。

6 パンチを行う。生地と作業台に打ち粉（デュラム小麦粉）をふる。皮用の生地を作業台に移す。手前と奥から生地を折り返し、3つ折りにする。生地を90度回転させ、もう一度3つ折りをする。合わせ目を下にして容器に戻す。

7 具入りの生地を作業台に移す。具を均一になるようバランスよく並べ替える。

8 手前と奥から生地を折り返して3つ折りにする。生地を90度回転させ、もう一度3つ折りをする。合わせ目を下にして容器に戻す。

9 7℃の冷蔵庫で15時間発酵させる。

発酵前

発酵後

発酵温度と時間は、作業工程上、焼成する時間帯から逆算して決めています。このパンは、ふつうに28℃で短時間発酵させることもできますが、オーバーナイトにしたほうが、よりしっとりとしたおいしいパンに仕上がります。短時間発酵では、ふわふわとしたふつうの食感のパンになって、しっとり感がここまで出ません。

分割・丸め

10 室温に1時間置いて復温する。

11 皮用の生地と作業台に打ち粉をふり、生地を作業台に移す。100gの長方形にカットし、中心に切り込みを入れる。両手で生地を2つに分け、軽く丸める（皮生地1個50g）。

12 具入りの生地を同様に作業台に移す。容器に接していた面には網目状のグルテン組織が見える。具が均等に入るようにバランスをとりながら、125gの長方形に分割する。具が生地の外に出ないようにして、軽く丸める。

ベンチタイム

13 合わせ目を下にしてばんじゅうに並べ、ふたをして室温で45分～1時間休ませる。

12～13％の小麦タンパクを含むデュラム小麦粉を100％使用しているこの生地は、分割・丸め後、伸展性を回復するのに時間がかかります。生地が十分ゆるまないうちに成形すると、生地が切れたり、傷んだりする原因になるため、成形しやすくなるまでベンチタイムをしっかりとっています。

成形

14 具入りの生地と作業台に打ち粉をふり、生地を作業台に移す。手のひらで押さえて平らにする。具材が外に出ないように、手前から生地を2つ折りにして合わせ目を押さえる。さらに奥から2つ折りにして合わせ目を押さえてとじる。両端が細くなるように形をととのえ、俵形にする。長さは13.5cm。

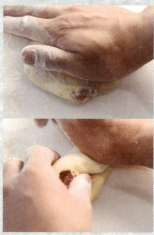

15 皮生地全体に打ち粉をまぶす。作業台に移し、麺棒で13.5×12cmの楕円形にのばす。

シロップ漬けのチェリートマトとマンダリンオレンジを混ぜ込んだ生地は糖質が多く、外側に出ると確実に焦げるため、皮生地で包むことでそれを防いでいます。包んで焼くことで、内相がスポンジ生地のようなしっとり、もっちりとした食感に仕上がります。

16 皮生地に霧吹きで水をかけ、具入りの生地をとじ目を上にしてのせる。奥と手前から皮生地を折り返し、端を重ねる。親指と人差し指で挟んでとじ、両端が細くなるよう形をととのえる。

皮生地に中生地をとじ目を上にしてのせる
▽

奥と手前から皮生地を折り返し、合わせ目をとじる
▽

両端が細くなるよう形をととのえる

最終発酵

17 キャンバス地でひだをつくり、生地のとじ目を下にして並べる。18℃・湿度75%のドウコンで2時間発酵をとる。

発酵前

発酵後

焼成

18 スリップピールにオーブンシートを敷き、生地を並べる。全体に打ち粉をふる。

19 斜めに3本クープを入れる。上火245℃・下火230℃のデッキオーブンに入れ、スチームを1秒ずつ3回入れる。23分焼成する。

フィセル・ドゥ・シャンヴル

材料（40個分）

デュラム小麦粉の生地*
……3946g（粉2kg仕込み）
練り込み用ヘンプシード……5％／100g
まぶし用ヘンプシード……適量

* ベースの生地は「チェリートマトとマンダリンオレンジ」（P140）と同様に仕込む。

ヘンプシード

工程

ミキシング
　湯種、ミキシングの工程は「チェリートマトとマンダリン」と同様。こね上げたら、チェリートマトの代わりに、ヘンプシードを生地に混ぜ込む

1次発酵・パンチ
　20℃・湿度75％・30分
　↓
　パンチ
　↓
　7℃・15時間

分割・丸め
　復温（室温・1時間）
　↓
　100g・円筒形

ベンチタイム
　室温・45分〜1時間

成形
　フィセル形（長さ17cm）

最終発酵
　18℃・湿度75％・1時間30分

焼成
　クープ1本
　↓
　上火245℃・下火225℃・蒸気1秒×3回・17分

ミキシング

1 生地をボウルに入れ、ヘンプシード100gを加える。外側から中央に生地を折り込むようにしてヘンプシードを混ぜ込む。生地の上下を返して、同様に混ぜる。ミキサーで混ぜてもOK。

1次発酵・パンチ

2 20℃・湿度75％のドウコンに30分入れる。

3 パンチを行う。生地と作業台に打ち粉をふり、生地を作業台に移す。手前と奥から生地を折り返して3つ折りにする。軽く押さえてガスを抜く。生地を90度回転させ、手前から生地を3分の1折り返す。さらに手前から生地を折って3つ折りにし、合わせ目を下にしてボウルに戻す。

4 7℃の冷蔵庫で15時間発酵させる。

分割・丸め

5 室温に1時間置いて復温する。生地と作業台に打ち粉をふり、ボウルの上下を返して生地を作業台に移す。ボウルに接していた面には網目状のグルテン組織が見える。

6 100gの長方形に分割する。手前から奥に折り返して端を押さえる。転がして円筒形に形をととのえる。

ベンチタイム

7 合わせ目を下にしてばんじゅうに並べ、ふたをして室温で45分〜1時間休ませる。

成形

8 生地と作業台に打ち粉をふり、合わせ目が上になるように生地を作業台に置く。手のひらでたたいてガスを抜く。手前から2つ折りにして合わせ目を押さえる。軽くたたいて平らにする。

9 奥から2つ折りにして合わせ目をとじ、長さ約17cmのフィセル形にする。とじ目を下にして並べ、表面に霧吹きで水をかけ、水をかけた面にヘンプシードをまぶす。

最終発酵

10 キャンバス地でひだをつくり、生地を並べる。18℃・湿度75%のドウコンで1時間30分発酵をとる。発酵後は生地がゆるみ、ひとまわり大きくなっている。

発酵前　　　　　　　　　　発酵後

丸ではなく、細長いフィセル形に成形しているのは、ヘンプシードをまぶす面積が増え、こうばしさがしっかり感じられるからです。

焼成

11 スリップピールに生地を移し、中心にクープを1本入れる。

12 上火245℃・下火225℃のデッキオーブンに入れ、スチームを1秒ずつ3回入れる。炉床に近い側面に白いラインが少し残る程度まで、17分焼成する。

これ以上焼くと皮が厚く、固くなり、内相のしっとり感もなくなってしまうので、側面下部に白いラインが残る程度に。外側のこうばしさと内側のしっとり、もっちり感が楽しめる焼き加減にしています。

chapter 7

食パン

アサマ山食パン

**ハチミツと麦芽の甘味、ヨーグルトの酸味、
発酵バターの旨味が広がる、田舎風ハニーブレッド**

　麺用小麦が使われている群馬の地粉「ジュ・フランソワ」と、うどん用粉「D-1」、タンパク値の高い国産石臼挽き粉「ゆめかおり」を配合。モルトやハチミツ、ヨーグルトなど、生地をダレやすくする素材を加えて焼き上げるアサマ山食パンは、最初はふっくら、かむとねっちりとした食感になって溶けていく独特の口あたりと、甘く濃密な味わいが特徴です。

　もともとは独立前に立ち上げを担当した店で開発したアイテムで、イメージしたのはリッチだけれど素朴感のあるハニーブレッド。地粉を使うことで生まれる、ねっちり、もっちりとした食感や風味が気に入り、うちでもラインアップに加えています。

　発売当初は「生焼けでは？」と言われたこともありますが、今では1日40個が午前中に完売する人気商品となっています。

材料
(上17.5×11cm、底13×8cm、高さ6cmのパニムール・40個分)

群馬県産フランスパン用粉
（星野物産「ジュ・フランソワ」）
　……60％／4500g
国産石臼挽き強力粉
（柄木田製粉「ゆめかおり」）
　……20％／1800g
国産中力粉（日東富士製粉「D-1」）
　……20％／1800g
パート・フェルメンテ*1
　……12％／1080g
塩……1.8％／162g
モルト水*2……8％／720g
ハチミツ……15％／1350g
ヨーグルト……10％／900g
牛乳……10％／900g
水……33％／2970g
硬水（コントレックス）……10％／900g
発酵バター……12％／1080g

*1 パート・フェルメンテのつくり方
フランス産準強力粉（日東富士製粉「シャントゥール」）100％、塩2.1％、モルト水（*2）1％、セミドライイースト0.4％、水63％の割合でミキサーボウルに合わせ、低速で3分、中速で1分ミキシング（こね上げ温度24℃）。27℃・湿度75％で3時間発酵。5℃の冷蔵庫で保存し、翌日中に使い切る。

*2 モルト液と水を1:1で合わせたもの。

工程

ミキシング
　ミキサーボウルに発酵バター以外の材料を投入
　↓
　低速3分・中速5分・中高速1分
　↓
　発酵バターを投入
　↓
　低速5分・こね上げ温度22～24℃

1次発酵・パンチ
　20℃・湿度75％・30分
　↓
　パンチ
　↓
　20℃・湿度75％・11時間～12時間

分割・丸め
　240g

ベンチタイム
　室温・30～45分

成形
　丸形×2玉

最終発酵
　28℃・湿度75％・2時間

焼成
　上火200℃・下火235℃・蒸気1秒×3回・35分

ミキシング

1 ボウルにパート・フェルメンテ、塩、モルト水、ハチミツ、ヨーグルト、牛乳を合わせておく(A)。発酵バターは厚さ5mmにカットしておく。

2 ミキサーボウルにAを投入し、ヘラで混ぜる。小麦粉と水を加え、低速で3分、中速で5分、中高速で1分ミキシングする。

3 生地がまとまり、薄くのびるようになったら（下左写真）、発酵バターを投入。全体に均一に混ざり、薄い膜状にのびるようになるまで約5分、低速でミキシング。通常の食パン生地よりもややアンダーミキシングの状態に仕上げている。こね上げ温度は23℃（夏は22℃、冬は24℃）。

粉の風味を濃く残したいので、一般的な食パン生地よりもミキシングを短めに。アンダーミキシングでこね上げるぶん、パンチと長時間発酵でグルテンの形成を補っています。

バターを入れる前の状態　　バターを入れた後の状態

1次発酵・パンチ

4 46×35.5×高さ13cmの容器に、生地を2等分して約9700gずつ入れる。20℃・湿度75%のドウコンで30分発酵させる。

5 パンチを行う。生地と作業台に打ち粉をふり、生地を作業台に移す。左右から生地を折り返して3つ折りにした後、手前の3分の1折り返し、さらに手前から奥にクルッと回転させる。

打ち粉をふった作業台に生地を移し
▽

生地を左右から3つ折りにして
▽

手前から3分の1折り返し、さらに奥に向かってクルッと回転させる

6 合わせ目を下にして容器に戻し、20℃・湿度75%のドウコンで11時間〜12時間発酵させる。容器の縁と生地の間がパンチ前は9cm。それが6cmになったら発酵終了（膨張率約1.5倍）。

9cm

6cmが目安

発酵が足りないとボリュームが出ず、重い食感に。逆に発酵しすぎるとボリュームが出すぎて風味がとんでしまいます。毎回、最適な発酵状態で分割できるよう、同じ容器を使い、生地の高さで発酵具合を判断しています。

分割・丸め

7 生地と作業台に打ち粉をふり、容器を返して生地を作業台に移す。生地の底の部分が写真のとおり上面になり、細かい網目状のグルテン組織が見える。

8 240gの正方形に分割。

9 奥から生地を2つに折る。ガスが抜けないよう、手前に引きながら丸く形をととのえる。

ベンチタイム

10 生地を、とじ目を下にしてばんじゅうに並べ、ふたをして、室温で30～45分休ませる。

ガスが抜けないように成形はできるだけやさしく力を入れずに行います。そのため、ベンチタイムを長めにとり、丸めによって締まった生地を成形しやすいように、十分にゆるませておく必要があります。

成形

11 生地と作業台に打ち粉をふり、とじ目を上にして生地を作業台に置き、奥から2つ折りにする。手のひらの外側の広い面を使って、押し丸めをする。

手のひらの外側があたっている部分の生地を
▽

外側に押すようにして手を奥に進める
▽

半円を描くように生地を前方に回転させながら、手にあたっている部分の生地を外側にもっていく。同時に、手の付け根から小指の下の部分を使って生地の下側を丸めていく
▽

完成

手前から奥へカーブするように押し丸める

丸めはじめ

左手の丸めの途中経過（写真は生地の裏側。これを両手で1個ずつ同時に行う）
▽

外側にとび出した生地を下に押し込むようにしてまとめ、とじ目をしっかりとくっつける
▽

成形完了。とじ目は下の状態。押し丸めで高さと張りが出る
▽

パニムールにシリコンペーパーを敷き、1個に2玉ずつ入れる

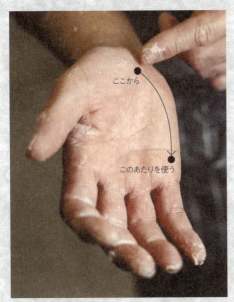

ここから
このあたりを使う

成形で大事なのは「ガスを抜きすぎないこと」。押し丸めは、手のひらの外側の広い面(上写真)を使って力を入れずに丸めるので、生地があれにくく、ガスを保持しながら高さや張りを出すことができます。押し丸めが苦手な人は、両手でやさしく生地を引っ張るようにして底に集め、できるだけまん丸にすると、焼成時に高さが出ます。

最終発酵

12 28℃・湿度75％のドウコンに2時間置く。1.5倍に膨らめば発酵終了。

発酵前

発酵後

焼成

13 上火200℃・下火235℃のデッキオーブンに入れ、スチームを1秒ずつ3回入れて35分焼く。窯出し後、軽くパニムールの底を作業台に打ち付け、そのままラックに並べて粗熱をとる。

ロンバルディア

口に入れるとマスカルポーネチーズとハチミツの香りがふわり。
軽やかな食感とやさしい甘さが印象的なパン・ド・ミ

　めざしたのは、軽く、ふわりと溶けるような口溶けの食パン。マスカルポーネチーズやバターがたっぷり入るリッチな生地なので、粉は風味にクセがなく、しっかりとしたグルテン組織ができる「ドルフィン」をメインにしました。さらに、「グリストミル」で深みを、「シャントゥール」で甘味と歯切れのよさをプラスしています。

　粉対比15％のマスカルポーネチーズを配合しているのは、ミルキーなコクを加えるとともに、グルテンの生成をほどよく阻害して食感を軽くするため。チーズのなかでは風味、食感がマイルドなマスカルポーネを使うことで、クリームチーズ入りの生地とは違った溶けるような食感が楽しめます。さらに、ハチミツの香りや甘味、しっとり感をプラスして、翌日もみずみずしく、おいしく食べられる生地に仕上げています。

ドルフィン 50% 白 × グリストミル 30% 灰 × シャントゥール 20% 黄

材料（12×12×高さ11cmの型・9個分）

- カナダ産強力粉（日東富士製粉「ドルフィン」）……50％／1000g
- 石臼挽き強力粉（ニップン「グリストミル」）……30％／600g
- フランス産準強力粉（日東富士製粉「シャントゥール」）……20％／400g
- マスカルポーネチーズ……15％／300g
- パート・フェルメンテ*1……6％／120g
- セミドライイースト……0.3％／6g
- 塩……2.1％／42g
- モルト水*2……1％／20g
- ハチミツ……12％／240g
- バター（厚さ5mmにスライスする）……20％／400g
- 水……75％／1500g

*1 パート・フェルメンテのつくり方
フランス産準強力粉（日東富士製粉「シャントゥール」）100％、塩2.1％、モルト水（*2）1％、セミドライイースト0.4％、水63％の割合でミキサーボウルに合わせ、低速で3分、中速で1分ミキシング（こね上げ温度24℃）。27℃で・湿度75％で3時間発酵。5℃の冷蔵庫で保存し、翌日中に使い切る。

*2 モルト液と水を1:1で合わせたもの。

工程

ミキシング
ミキサーボウルにバター以外の材料を投入
↓
低速3分・中速5分・中高速3分・高速6分
↓
バターを投入
↓
低速5分・こね上げ温度22〜24℃

1次発酵・パンチ
室温・30分
↓
パンチ
↓
7℃・10時間

分割・丸め
480g

ベンチタイム
室温・30分

成形
丸形・型入れ

最終発酵
7℃・12時間
↓
28℃・湿度80％・1時間

焼成
上火200℃・下火225℃・蒸気1秒×3回・35分

ミキシング

1. マスカルポーネチーズに水少量を加えてなじませ、ミキサーボウルに入れる。

2. 残りの水、パート・フェルメンテ、セミドライイースト、塩、モルト水、ハチミツを加え、低速で3分、中速で5分、中高速で3分、高速で6分ミキシング。

3. 生地がなめらかにつながったら低速に切り替え、厚さ5mmにスライスしたバターを1枚ずつ入れる。5分ほど低速で撹拌し、バターが均一に混ざればミキシング終了。こね上がった生地は薄い膜状にのびる。こね上げ温度は22〜24℃。

1次発酵・パンチ

4 生地をボウルに移し、丸く形をととのえて室温に30分置く。

5 パンチを行う。生地と作業台に打ち粉をふり、生地を作業台に移す。長方形に形をととのえ、左右から生地を折り返して3つ折りにする。

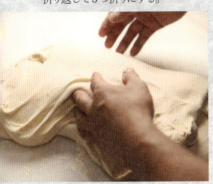

6 手前から生地を3分の1折り返す。手前から生地を持ち上げ、奥に向かってクルッと回転させる。

7 とじ目を下にしてボウルに戻し、ビニールシートをかけて7℃の冷蔵庫で10時間発酵させる。発酵後はボウルの縁まで生地が膨らんでいる。

発酵前

発酵後

分割・丸め

8 生地と作業台に打ち粉をふり、生地を作業台に移す。ボウルに接していた面に、細かい網目状のグルテン組織が見える。

9 480gの正方形に分割する。

10 生地と作業台に打ち粉をふる。奥から手前に転がし、ガスを抜きすぎないようにして、表面を張らせるように軽く丸める。

ベンチタイム

11 とじ目を下にしてばんじゅうに並べ、ふたをして室温に30分置く。

ベンチタイム後

成形

12 生地と作業台に打ち粉をふり、とじ目を上にして生地を置く。奥から折り返して2つ折りにし、軽くたたいて大きな気泡をつぶす。ボリュームを出すため、ここでガスを抜きすぎないようにする。

13 生地を90度回転させ、奥から2つ折りにして、軽く押さえて密着させる。

14 生地を90度回転させ、奥から3分の1折り返して合わせ目を押さえる。生地を右方向に回転させながら生地の端を中心(とじ目)に向けて折り返す。

15 とじ目に向けて生地を折り返す作業を4～5回くり返し、丸く形をととのえる。

16 離型油を塗った型に、とじ目を下にして入れる。

最終発酵

17 7℃の冷蔵庫で12時間低温発酵させたのち、28℃・湿度80%のドウコンに1時間置いて復温する。

発酵前　　　　　　　　　　発酵後

焼成

18 上火200℃・下火225℃のデッキオーブンに入れ、スチームを1秒ずつ3回入れる。焼き色が付くまで35分焼く。型をはずし、粗熱をとる。

食パン のバリエーション

パン・ド・ミ・ショコラ

とろっとしたチョコレートの食感やブリオッシュを思わせる生地の甘味、コクを味わってもらおうと考えた1品。冷やしておいたチョコレートをくずれすぎないように練り込み、低温で発酵させることで、狙った"とろっと食感"に仕上げています。酸味と色のアクセントにクランベリーを加え、アーモンドをまぶして食感に変化をつけているのもポイント。

☞ P197

chapter 8

湯種のブリオッシュ

よりしっとり、口溶けよく仕上げる工夫が満載。
生地の風味をシンプルに楽しむ、湯種のブリオッシュ

　僕自身、パサついた食感のブリオッシュが好きではないので、しっとり感を追求し、湯種を加えてつくるレシピを考えました。「粉粋」を湯種にしたのは、キタノカオリの甘さを生かし、吸水力を高めるため。ただ、湯種を増やすと生地の上がりが悪くなるので、配合量は10%に抑えました。そのほかの粉は、しっかりとした骨格がつくれる「ドルフィン」をメインに、「グリストミル」と「シャントゥール」を加えて、旨味があり、口溶けのよい生地に仕上げています。
　生クリームと牛乳を多めに配合しているのは、リッチ感を出すとともに、生地をしっとりさせるため。ほのかな酸味で味のバランスをとりつつ、乳酸菌の効果で日持ちをよくする目的でヨーグルトも加えています。含蜜糖の配合量を多めにしているのも、保湿力アップが狙いです。

| ドルフィン 白 60% | × | グリストミル 灰 20% | × | 粉粋 黄 10% | × | シャントゥール 黄 10% |

材料（直径22×高さ10cmの型・5個分）

湯種
- 国産強力粉（平和製粉「粉粋」）……10%／150g
- 湯（90℃以上）……20%／300g

本ごね
- カナダ産強力粉（日東富士製粉「ドルフィン」）……60%／900g
- 石臼挽き強力粉（ニップン「グリストミル」）……20%／300g
- フランス産準強力粉（日東富士製粉「シャントゥール」）……10%／150g
- 塩……2%／30g
- セミドライイースト……1.2%／18g
- 含蜜糖（大東製糖「素焚糖」）……15%／225g
- 加糖卵黄（加糖20%）……50%／750g
- ヨーグルト……10%／150g
- 牛乳……15%／225g
- 生クリーム（乳脂肪分38%）……25%／375g
- 発酵バター（厚さ5mmにスライスする）……60%／900g

工程

湯種をつくる
ボウルに粉と湯を入れ、ヘラで混ぜる。粗熱をとり、ラップフィルムで包んで7℃の冷蔵庫に1晩置く

ミキシング
ミキサーボウルに加糖卵黄、ヨーグルト、牛乳、生クリームを投入
↓
含蜜糖の2/3量を投入
↓
粉、塩、セミドライイースト、湯種を投入
↓
低速3分・中速3分・中高速6分
↓
含蜜糖の1/3量、発酵バターを投入
↓
低速5分・中速2分・中高速1分・こね上げ温度22～24℃

1次発酵
室温・1時間30分～2時間

冷凍
－10℃

分割・成形
850g・リング形・型入れ

最終発酵
7℃・6時間～8時間
↓
28℃・湿度80%・1時間

焼成
上火200℃・下火225℃・45～50分

湯種をつくる

1 ボウルに小麦粉と湯を入れ、ヘラで混ぜる。粗熱をとり、ラップフィルムで包んで7℃の冷蔵庫に1晩置く。

ミキシング

2 ボウルに加糖卵黄、ヨーグルト、牛乳、生クリームを合わせ、ミキサーボウルに入れる。含蜜糖の3分の2量を加える。小麦粉、塩、セミドライイーストを入れ、湯種をちぎって加える。低速で3分、中速で3分、中高速で6分ミキシングする。この段階で9割方生地を仕上げる。

3 含蜜糖の残り3分の1量を加える。低速で撹拌しながら厚さ5mmにスライスしたバターを1枚ずつ加える。低速で5分、中速で2分、中高速で1分ミキシングする。バターが均一に混ざり、薄い膜状にのびるようになればこね上がり。こね上げ温度は22～24℃。

1次発酵

4 生地をボウルに入れ、室温で1時間30分〜2時間発酵をとる。しっかり発酵をとってから冷凍しないと、詰まった生地になり、口溶けが悪くなる。

発酵前

発酵後

冷凍

5 生地とプラックに打ち粉をふり、プラックに生地をのせて平らにのばす。ビニールシートをかけて、−10℃の冷凍庫で冷凍保存する。3〜4日保存可能。

分割・成形

6 生地と作業台に打ち粉をふり、生地を作業台に移す。850gに分割する。

7 霧吹きで水をかけ、2つ折りにする。長方形に形をととのえ、手のひらで押して密着させる。

8 麺棒で縦横交互にのばし、左右の片方が2cmほど長い、台形にする。

9 手前から2cm折り返す。折った部分を芯に、隙間ができないように生地を巻く。

生地温度が上がりすぎるとバターが溶けて狙った食感に仕上がらないため、温度が上がりすぎた場合はミキサーボウルの底に氷水をあてて冷やします。含蜜糖は一度に加えるとミキシングに時間がかかるため、2回に分けて加えます。

10 両手で転がして、長さ42cm程度にのばす。

11 2cm長くした側の生地の端をラッパ状に広げる。もう片方の端を差し込み、合わせ目をしっかりとじて輪にする。

12 離型油を塗った型に入れ、手で押さえて型に密着させる。

最終発酵

13 7℃の冷蔵庫で6時間～8時間発酵させたのち、28℃・湿度80%のドウコンに1時間入れて復温する（写真下は発酵後）。

焼成

14 上火200℃・下火225℃のデッキオーブンに入れる。13分ほど経って、生地が型の縁より高く窯のびしたら、上に鉄板をのせて押さえる。計45〜50分焼く。

ブリオッシュ のバリエーション

マリーゴールドとマンゴーのブリオッシュ

☞P198

店の周年記念の特別限定品として提供したブリオッシュの1つ。白ワインで香り付けしたドライマンゴーとグリーンレーズンにマリーゴールドの花びらの香りをのせて、さわやかで華やかさのある1品に仕上げています。アーモンドパウダーを加えてゆるめに泡立てたメレンゲを上がけして焼き上げることで、甘味やコクのバランスをととのえています。

ブリオッシュ のバリエーション

トリュフブリオッシュ

→P199

卵と相性のよいトリュフを使用したブリオッシュは、周年記念の特別限定品として開発したアイテム。きざんだトリュフだけでは香りが弱いので、トリュフオイルも使用。パルミジャーノ・レッジャーノチーズのコクを加え、ヨーグルトの酸味で味のバランスをととのえています。そのままでもおいしいですが、チーズや生ハム、サラダと合わせるのもおすすめです。

chapter 9

シュトーレン

外はさっくり、中はしっとり。フルーツの酸味やマジパンのコク、ルヴァン種の旨味が詰まった伝統菓子

　さっくり、しっとりとした食感に仕上げるため、粉はタンパク値が低めで甘味、香りの豊かなフランス産小麦粉「シャントゥール」をメインに使用。アーモンドとヘーゼルナッツのパウダーでつくった自家製マジパンをセンターに入れて焼き上げた、クラシカルなイメージのシュトーレンです。洋酒やスパイスで風味付けしたドライフルーツの膨らみのある香りに、ルヴァン種が醸し出す乳酸発酵の香りを重ねることで、複雑かつ奥行のある1品に仕立てました。

　シュトーレンフルーツを焦がさないように皮生地で巻いて焼くこともありますが、素朴な感じに仕上げたかったので、皮は巻かず、少し焦げたくらいの焼き上がりに。ジューシーなフルーツの風味と洋酒の香りが際立つこのシュトーレンは、僕のレシピのなかでもスタンダードなタイプと言えます。

シャントゥール 50% 黄 × スム・レラT70 30% 茶 × グリストミル 20% 灰

材料（17.5×7.5×高さ6cmの型・13個分）

中種
- 北海道産石臼挽き準強力粉（アグリシステム「スム・レラT70」）……30%／300g
- フランス産準強力粉（日東富士製粉「シャントゥール」）……20%／200g
- グラニュー糖……10%／100g
- ルヴァン種*1……20%／200g
- 生クリーム(乳脂肪分38%)……20%／200g
- 水……14%／140g

本ごね
- フランス産準強力粉（日東富士製粉「シャントゥール」）……30%／300g
- 石臼挽き強力粉（ニップン「グリストミル」）……20%／200g
- 発酵バター……50%／500g
- 塩……0.5%／5g
- グラニュー糖……20%／200g
- チョコレート（カオカ「トロアコンチネンツ61%」・カカオ分61%、溶かしておく）……10%／100g
- セミドライイースト……1.2%／12g
- 牛乳……5%／50g
- シュトーレンフルーツ……110%／1100g

成形・仕上げ
- マジパン……585g（45g×13個）
- 澄ましバター……50%／500g
- バニラシュガー*2……適量
- デコレーション用粉糖……適量

*1 ルヴァン種の起こし方
1日目　ライ麦全粒粉（江別製粉「北海道産ライ麦全粒粉」）100gとオレンジハチミツ5g、水100gを混ぜる。混ぜ上げ温度28～30℃。ふたをして28℃の場所に24時間置く。
2日目　元種200gにライ麦全粒粉400g、オレンジハチミツ10g、水350gを加えて混ぜる。混ぜ上げ温度28～30℃。ふたをして28℃の場所に12時間置く。
3日目　元種40gに石臼挽き強力粉（ニップン「グリストミル」）400g、オレンジハチミツ10g、水390gを加えて混ぜる。混ぜ上げ温度28～30℃。ふたをして28℃の場所に12時間置く。
4日目　元種40gに石臼挽き強力粉400g、オレンジハチミツ10g、水390gを加えて混ぜる。混ぜ上げ温度20℃。ふたをして20℃の場所に12時間置く。
5日目　ルヴァン種の完成。5℃の冷蔵庫で保存する。pHは4.0～4.1程度。2日間使用でき、2日以内に種継ぎする。種継ぎは4日目と同様に仕込み、発酵させる。

*2 バニラシュガーのつくり方
含蜜糖（大東製糖「素焚糖」）1kgに、バニラパウダー10gを加え混ぜる。

工程

中種を手ごねする
ボウルに粉、グラニュー糖、ルヴァン種、生クリーム、水を入れる
↓
手で混ぜる・こね上げ温度20℃

中種発酵
20℃・湿度75%・12時間
↓
7℃で保存
↓
復温（室温・1時間～2時間）

ミキシング
ミキサーボウルに発酵バター、塩、グラニュー糖を投入
↓
ビーターで低速3分・中速10分
↓
溶かしたチョコレートを投入
↓
低速2分
↓
カードで混ぜる。フックに付け替え、粉、セミドライイースト、牛乳を投入
↓
低速1分
↓
中種を投入
↓
低速5分
↓
シュトーレンフルーツを投入
↓
低速2分・こね上げ温度22℃

分割・丸め
275g・俵形

成形
マジパンを包んで俵形にし、型に入れる

最終発酵
28℃・湿度75%・3時間～4時間30分

焼成
上火200℃・下火200℃・45分

仕上げ
澄ましバターに浸ける
↓
バニラシュガーをまぶす
↓
-10℃・7時間～8時間
↓
粉糖をふる

シュトーレンフルーツのつくり方（つくりやすい分量）

レーズン…2000g、カレンズ…500g、チェリー…2000g、サルタナレーズン…1500g、オレンジピール…1000g、レモンピール…500g、クルミ…800g、アーモンド…800g、グラッパ…350g、ラム酒…200g、グラン マルニエ…350g、クレーム・ド・カシス…350g、赤ワイン…200g、白ワイン…300g、カカオパウダー…30g、シナモンパウダー…30g

ふた付きの容器にすべての材料を入れて混ぜる。室温に置き、毎日1回混ぜる。最低2週間以上おいて使用する。

マジパンのつくり方（13個分）

皮付きアーモンドパウダー…150g、皮付きヘーゼルナッツパウダー…150g、牛乳…99g、グラニュー糖…180g、アマレット…15g

1　アーモンドパウダー、ヘーゼルナッツパウダーは別々に天板に広げ、上火180℃・下火180℃のデッキオーブンでこまめに混ぜながら20分ローストする。

2　鍋に牛乳、グラニュー糖を入れて沸騰させ、1を加え混ぜる。

3　2をミキサーボウルに移し、ビーターを付けてつやが出るまで中速で混ぜる。アマレットを加え混ぜる。

4　45gに分割し、長さ11cmの棒状に成形する。

5　乾燥しないようにビニールシートで包んで冷凍保存し、翌日以降使用する。

中種を手ごねする

1 ボウルに小麦粉、ルヴァン種、グラニュー糖、生クリーム、水を入れ、指先を使って混ぜる。

2 1つにまとまってきたら、そば打ちの菊練りの要領で、ボウルを回転させながら手の付け根で生地を押し込むようにしてこねていく。

3 均一に混ざったら、生地の端を持ってボウルにたたきつけ、グルテンをつないでいく。表面がつるんとなめらかになれば終了。こね上げ温度は20℃。

乳酸発酵による複雑な香りとしっとり感を出すために、中種にルヴァン種を加えています。中種の発酵力は弱いので、本ごねでセミドライイーストを加えています。ここでは、中種に使用する粉の量が500gと少なく、ミキサーで撹拌するとフックにかかりにくいので、手ごねにしました。粉の量が多い時はミキサーで低速で3分、中速で2〜3分ミキシングしてください。

中種発酵

4 生地の表面をなめらかにととのえてボウルに入れ、ラップフィルムでおおい、20℃・湿度75%のドウコンで12時間発酵させる。本ごねするまで7℃の冷蔵庫で保存。本ごね前に室温に1時間〜2時間置いて復温する。

発酵前

発酵後

発酵後は約1.5倍に膨らみ、生地の内側にグルテンの網目状組織ができている

ミキシング

5 ミキサーボウルに、室温にもどした発酵バターと塩、グラニュー糖を入れ、ビーターを付けて低速で3分すり混ぜる。ここでバターを泡立ててしまうと空気を含んで軽い食感になるため、泡立てないようにすり混ぜる。

6 途中でボウルの側面に付いたバターをはらいながら、中速で10分混ぜる。

7 グラニュー糖のジャリジャリ感がなくなり、なめらかになったら、湯煎で溶かしたチョコレートを加え、低速で2分混ぜる。チョコレートが均一になじむまでカードで混ぜてから、フックに付け替える。

8 小麦粉、セミドライイースト、牛乳を加え、低速で1分ミキシングした後、中種をちぎって加え、均一に混ざるまで低速で5分ミキシングする。

9 シュトーレンフルーツを加え、低速で2分ミキシングする。こね上げ温度は22℃。

分割・丸め

10 生地を作業台に移し、275gに分割する。

11 生地と作業台に打ち粉をふる。軽くたたいて生地を平らにし、手前から転がして丸める。

12 90度生地を回転させ、軽くたたいて平らにする。手前から転がし、長さ約11cmの棒状に丸める。合わせ目を下にしてばんじゅうに並べる。

成形

13 丸めた生地を作業台に移し、軽くたたいて長方形に形をととのえる。表裏を返し、合わせ目を上にする。

14 生地を手前から3分の1折り返し、折り返した生地の端にマジパンをのせる。

15 奥から生地を折り返し、マジパンがかくれるように重ねる。端を押さえてとじる。奥から2つ折りにし、合わせ目をしっかり押さえてとじる。

16 17.5×7.5×高さ6cmの型に離型油を塗り、とじ目を下にして生地を入れる。型に入れるのは、均等な大きさに仕上げるため。

棒状に成形したマジパンを巻くのは、生地に練り込むよりもマジパンの存在感がしっかり感じられ、スライスした時にどの部分にも均等にマジパンが入るから。ちなみに、アーモンドパウダーとヘーゼルナッツパウダーをローストしてつくる自家製マジパンは、香りもよく、そのまま食べてもおいしいですよ。

最終発酵

17 28℃・湿度75%のドウコンに3時間～4時間30分置く。生地がゆるみ、押しても戻らなくなれば発酵終了。

発酵後

生地の見た目には変化がほとんどないので、発酵具合は生地のゆるみ具合で判断します。さわってみて、締まっていた生地がゆるんでやわらかくなったタイミングで焼成に入りますが、気温の低い時期などはゆるむまでに時間がかかるので、ここでは3時間～4時間30分としています。

焼成

18 型を天板にのせ、上火200℃・下火200℃のデッキオーブンで45分焼成。

⇓

側面と底面が濃い茶色に色付いたら焼き上がり

仕上げ

19 焼成したシュトーレンが熱いうちに澄ましバターに浸ける。

20 バターを軽く切り、バニラシュガーを全体にまぶす。

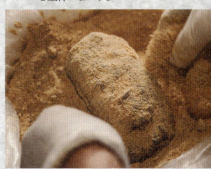

21 天板に並べてビニールシートをかけ、−10℃の冷凍庫に7時間～8時間置いて生地を締める。デコレーション用粉糖を茶漉しで全体にまんべんなくかけ、ラップフィルムで包む。

175

シュトーレン のバリエーション

シュトーレン・ショコラ・ド・ネージュ

ルヴァン種を使用した生地に溶かしたチョコレートを練り込み、ラム酒やグラン マルニエ、カカオパウダーなどを加えて漬け込んだドライフルーツ、ナッツ、さらにチョコレートチップを加えて焼き上げた、リッチな味わいのシュトーレン。ミキシングの最後に加えるセミドライタイプのクランベリーの酸味がアクセントとなり、すっきりとした後味です。

定番アイテムの生地を使った
バリエーション展開

リュスティック のバリエーション

柚子のリュスティック

☞ P022

工程

ミキシング

1 リュスティック生地にユズ煮とユズシロップを加え、全体になじむまで手で混ぜる。ミキサーを使用する場合は低速で1〜2分ミキシングする。

1次発酵・パンチ

2 ボウルに生地を入れ、28℃・湿度75%のドウコンに30分置く。

3 1回目のパンチを行う。カードを生地とボウルの側面の間にさし入れて生地を持ち上げ、反対側のボウルの側面まで引っ張る。ボウルを回転させながら生地を引っ張る作業をくり返し、3周する。ドウコンに戻し、30分置く。

4 2回目のパンチを同様に行ったのち、ドウコンに戻して3時間置く。

前成形

5 板の上にキャンバス地を広げる。キャンバス地と生地に打ち粉をたっぷりふり、キャンバス地の上に生地を移す。

6 四角く形をととのえる。

7 手前から中心まで生地を折り返す。奥から中心まで生地を折り返して2つ折りにし、合わせ目を押さえてとじる。

8 生地表面に打ち粉をたっぷりふる。キャンバス地をかぶせて室温に15分置く。

9 上に板を置き、天地を返す。上の板をはずし、室温に15分置く。

分割・成形

10 手のひらで軽く全体を押して大きな気泡をつぶす。

11 150gの長方形に分割する。

12 打ち粉をふったキャンバス地でひだをつくり、布どりする。

焼成

13 スリップピールに移し、斜めに1本クープを入れる。

14 上火260℃・下火240℃ のデッキオーブン に入れる。スチームを1秒ずつ3回入れる。23分焼成する。

粉粋 50% 黄 × TYPE-F ロイヤルストーン キタノカオリ 45% 黄 × ライ麦粉1150 5% 灰

材料 (21個分)

リュスティック生地……3000g
ユズ煮*……180g
ユズシロップ*……90g

＊ユズの果皮の白い部分を除き、せん切りにする。水500gにグラニュー糖1kgを加えて沸騰させる。せん切りにしたユズの果皮400gを加え、透明感が出るまで3分ほど煮る。冷蔵庫で3〜4日保存可能。ユズに苦味がある場合は、せん切りにする前に水（分量外）から煮て沸騰させ、ゆでこぼす。

フレッシュなユズを使い、ていねいに下処理を行ってからシロップ煮にすることで、ユズ特有のさわやかな香りが楽しめるリュスティックに仕上げる。ユズの果皮は白い部分をしっかり取り除き、黄色い果皮部分のみを使用。グラニュー糖と水を加えて沸騰させ、皮が少し透き通るくらいになるまで加熱する。シロップを加えるぶん、生地がやわらかくなるため、プレーンの生地よりやや強めにパンチを行うのがポイント。ユズ煮は冷蔵庫で4日程度保存が可能。

リュスティック のバリエーション

渋皮マロンとほうじ茶の リュスティック

☞ P023

工程

ミキシング

1 リュスティック生地に半割りにした渋皮栗の蜜煮、蜜煮のシロップ、ほうじ茶の粉末を加え、全体になじむまで手混ぜする。ミキサーを使用する場合は低速で1〜2分ミキシングする。

1次発酵・パンチ

2 ボウルに生地を入れ、28℃・湿度75%のドウコンに30分置く。

3 1回目のパンチを行う。カードを生地とボウルの側面の間にさし入れて生地を持ち上げ、反対側のボウルの側面まで引っ張る。ボウルを回転させながら生地を引っ張る作業をくり返し、3周する。ドウコンに戻し、30分置く。

4 2回目のパンチを同様に行ったのち、ドウコンに戻して3時間置く。

前成形

5 板の上にキャンバス地を広げる。キャンバス地と生地に打ち粉をたっぷりふり、キャンバス地の上に生地を移す。

6 四角く形をととのえる。

7 手前から中心まで生地を折り返す。奥から中心まで生地を折り返して2つ折りにし、合わせ目を押さえてとじる。

8 生地表面に打ち粉をたっぷりふる。キャンバス地をかぶせて室温に15分置く。

9 上に板を置き、天地を返す。上の板をはずし、室温に15分置く。

分割・成形

10 手のひらで軽く全体を押して大きな気泡をつぶす。

11 150gの長方形に分割する。

12 打ち粉をふったキャンバス地でひだをつくり、布どりする。

焼成

13 スリップピールに移し、斜めに1本クープを入れる。

14 上火260℃・下火240℃のデッキオーブンに入れる。スチームを1秒ずつ3回入れる。23分焼成する。

粉枠 50% 黄 × TYPE-F ロイヤルストーン キタノカオリ 45% 黄 × ライ麦粉1150 5% 灰

材料（16個分）

リュスティック生地……1974g
渋皮栗の蜜煮*1……475g
渋皮栗の蜜煮のシロップ*1……60g
ほうじ茶の茶葉*2……6g

*1 シロップを切り、半割りにする。
*2 ミルで粉末にする。

渋 皮栗の蜜煮を粉対比50%練り込んだ、一番人気の季節限定リュスティック。神楽坂の日本茶専門店「楽山」のほうじ茶をミルで粉砕して加えることで、和の風情とこうばしさが味わえる1品に。粉1kg仕込み（生地量1974g）程度の分量であれば、具材の練り込みは手混ぜでOK。生地量が多い場合は、具材が均一になじむまで低速で1〜2分ミキシングする。渋皮栗の蜜煮のシロップを加えるぶん、生地がやわらかくなるため、パンチは通常よりやや強めに行うようにする。

リュスティック のバリエーション

北海道産とうもろこしの リュスティック

☞ P024

粉粋 50% 黄 × ロイヤルストーン TYPE-F キタノカオリ 45% 黄 × ライ麦粉1150 5% 灰

材料（15個分）

リュスティック生地……1974g
冷凍トウモロコシ*……300g
バター*……30g
塩*……3g
粗挽き黒コショウ*……0.9g

* 鍋にバターを入れ、薄く焦げ色が付くまで加熱する。冷凍トウモロコシを入れ、時々混ぜながら中火で10分ほど加熱。つやが出て、ふっくらとしたら塩、黒コショウで味をととのえる。

工程

ミキシング

1 リュスティック生地に炒めたトウモロコシを加え、全体になじむまで手で混ぜる。ミキサーを使用する場合は低速で1～2分ミキシングする。

1次発酵・パンチ

2 ボウルに生地を入れ、28℃・湿度75%のドウコンに30分置く。

3 1回目のパンチを行う。カードを生地とボウルの側面の間にさし入れて生地を持ち上げ、反対側のボウルの側面まで引っ張る。ボウルを回転させながら生地を引っ張る作業をくり返し、3周する。ドウコンに戻し、30分置く。

4 2回目のパンチを同様に行ったのち、ドウコンに戻して3時間置く。

前成形

5 板の上にキャンバス地を広げる。キャンバス地と生地に打ち粉をたっぷりふり、キャンバス地の上に生地を移す。

6 四角く形をととのえる。

7 手前から中心まで生地を折り返す。奥から中心まで生地を折り返して2つ折りにし、合わせ目を押さえてとじる。

8 生地表面に打ち粉をたっぷりふる。キャンバス地をかぶせて室温に15分置く。

9 上に板を置き、天地を返す。上の板をはずし、室温に15分置く。

分割・成形

10 手のひらで軽く全体を押して大きな気泡をつぶす。

11 150gの正方形に分割する。

12 打ち粉をふったキャンバス地でひだをつくり、布どりする。

焼成

13 スリップピールに移し、斜めに1本クープを入れる。

14 上火260℃・下火240℃のデッキオーブンに入れる。スチームを1秒ずつ3回入れる。23分焼成する。

トウモロコシのナチュラルな甘味と粒感が印象的なリュスティック。あえてほかの具材は加えずに、トウモロコシと生地の風味そのものを楽しめる1品に仕上げた。バターを鍋で熱し、少し焦げはじめてからトウモロコシを炒めることで、こうばしさをプラス。塩、コショウで調味し、トウモロコシの甘味が引き立つシンプルな味わいに仕上げている。塩、コショウの代わりに粉対比1％程度の醤油を加えて味付けすれば、屋台の焼きトウモロコシ風のこうばしい風味が楽しめる。

リュスティック のバリエーション

グリーンオリーブのチャバタ

☞ P025

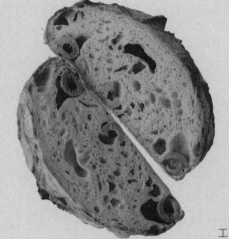

工程

ミキシング

1 リュスティック生地にグリーンオリーブを加え、全体になじむまで手で混ぜる。ミキサーを使用する場合は低速で1～2分ミキシングする。

1次発酵・パンチ

2 ボウルに生地を入れ、28℃・湿度75%のドウコンに30分置く。

3 1回目のパンチを行う。カードを生地とボウルの側面の間にさし入れて生地を持ち上げ、反対側のボウルの側面まで引っ張る。ボウルを回転させながら生地を引っ張る作業をくり返し、3周する。ドウコンに戻し、30分置く。

4 2回目のパンチを同様に行ったのち、ドウコンに戻して3時間置く。

分割・前成形

5 生地と作業台に打ち粉をふり、生地を作業台に移す。長方形に形をととのえ、生地を手前と奥から折り返して2つ折りにする。

6 500gの長方形に分割する。なまこ形に軽く前成形する。

成形

7 合わせ目を上にして置き、軽くたたいて平らにならす。奥から手前に2つ折りにする。手前と奥から折り返して2つ折りにする。合わせ目を押さえてとじる。

8 キャンバス地でひだをつくり、布どりする。

最終発酵

9 18℃・湿度85%のドウコンで1時間発酵をとる。

焼成

10 打ち粉をふり、スリップピールに移す。

11 斜めの格子状に8本クープを入れる。

12 上火260℃・下火250℃のオーブンに入れ、スチームを1秒ずつ3回入れる。10分焼いたのち、上火を250℃に下げて16分焼成する。

粉粋 50% 黄 ロイヤルストーン × TYPE-F キタノカオリ 45% 黄 × ライ麦粉 1150 5% 灰

材料（4個分）

リュスティック生地……1974g
グリーンオリーブ……300g

ベーシックなリュスティックの生地にグリーンオリーブを粉対比30%練り込んで、500gに分割して焼き上げたアイテム。大きめに分割して焼くぶん、ふつうのリュスティックよりも生地のつながりを強くする必要があるため、分割後にもう一度、生地を折って締める作業を行う。大ぶりに焼くことで中はしっとり、外はさっくりとした食感に。1個の生地量を倍程度に増やすと、よりもっちり感のある、食感のコントラストが楽しいチャバタになる。

アルファバゲット 生地を使って

大納言
☞ P052

粉 70% × グリストミル 30%
粋 黄　　　　　　　　　灰

材料（40個分）

アルファバゲット生地……3200g

大納言の蜜煮……700g

黒豆の蜜煮……700g

工程

分割
1 アルファバゲット生地を80gの長方形に分割する。

前成形
2 軽くたたいて平らにならし、奥から2つ折りにする。長方形に形をととのえる。

ベンチタイム
3 とじ目を下にしてばんじゅうに並べ、ふたをして室温で10〜15分休ませる。

成形
4 とじ目を上にして作業台に置く。
5 大納言の蜜煮と黒豆の蜜煮を合わせ、1個につき35gのせる。
6 奥から生地を2つ折りにする。
7 左右に引っ張って生地をのばし、奥から2つ折りにする。合わせ目を押さえてしっかりとじる。
8 前後に転がして長さ22cmにのばす。
9 全体に打ち粉をまぶし、オーブンシートを敷いたグリルに並べる。

最終発酵
10 28℃・湿度80%のドウコンで30〜45分発酵させる。

焼成
11 発酵させた生地をスリップピールに移し、上火250℃・下火250℃のデッキオーブンに入れ、スチームを1秒ずつ3回入れる。13〜14分焼成する。

飯のような甘味と、もちもちとした食感が特徴のアルファバゲットの生地を使用。蜜煮にした大納言と黒豆を包んで焼いた「大納言」は、和菓子のような味わいのおやつパン。日本茶との相性も抜群だ。大納言と黒豆は、あらかじめ1対1で合わせておき、端までしっかり入るように成形。この時、生地を薄くのばしすぎて破かないように注意すること。スチームを多めに入れて焼き上げることで、アルファバゲット生地特有のもっちりとした食感に仕上がる。

アルファバゲット 生地を使って

オリーブ・エ・フロマージュ

☞ P054

粉粋 70% 黄 × グリストミル 30% 灰

材料（40個分）

アルファバゲット生地……1600g
タプナード……適量
グリュイエールチーズ（シュレッド）
　……400g
グリーンオリーブ……40個
パルメザンチーズパウダー……適量

工程

分割
1　アルファバゲット生地を40gの正方形に分割する。

前成形
2　生地を軽く丸め、表面を張らせて形をととのえる。

ベンチタイム
3　とじ目を下にしてばんじゅうに並べ、ふたをして室温で10～15分休ませる。

成形
4　生地に打ち粉をふり、とじ目を上にしてタプナードをのせる。
5　生地を手に取り、グリュイエールチーズを1個につき10gのせる。
6　グリーンオリーブを1個のせて押し込む。
7　生地の端を集めるように合わせ、指で押さえてしっかりとじる。
8　とじ目の反対側に霧吹きで水をかけ、パルメザンチーズパウダーを付ける。
9　オーブンシートを敷いたグリルに並べる。

最終発酵
10　28℃・湿度80%のドウコンで30～45分発酵させる。

焼成
11　発酵させた生地をスリップピールに移し、上火250℃・下火250℃のデッキオーブンに入れ、スチームを1秒ずつ3回入れる。10～11分焼成する。

ポンデケージョのようなもちもち食感が楽しいこのパンは、アンチョビやハーブの香りをきかせたタプナードが味の決め手。生地にタプナードをのせ、グリュイエールチーズとグリーンオリーブを中に押し込むようにしながらボール状に成形した後、上になる部分に水を付け、パルメザンチーズパウダーを付けて焼き上げる。中のチーズが流れ出ないよう、成形時には生地の端を引っ張りながら1点に集め、指で押さえてしっかりとじるようにする。

パン・ド・ロデヴ のバリエーション

アベイ・ド・ベロックと ブランデーレーズン

☞ P088

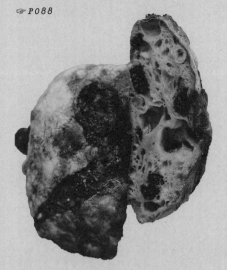

工程

手混ぜ

1 ボウルに羊乳チーズ、ブランデーレーズン、ヘーゼルナッツ、水を入れ、さっくり混ぜる。
2 パン・ド・ロデヴ生地を加え、生地の内側に具材を包み込むようにして手で混ぜる。

1次発酵・パンチ

3 27℃・湿度75%のドウコンに1時間置いたのち、1回目のパンチを行う。
4 カードを生地とボウルの側面の間にさし入れて生地を持ち上げ、反対側のボウルの側面まで引っ張る。ボウルを回転させながら10回ほど行う。
5 引っ張った時に手に抵抗を感じるようになったらドウコンに戻し、1時間置く。
6 同様の手順で2回目のパンチを行い、ドウコンに戻して1時間置く。

分割

7 生地と作業台に打ち粉をふり、生地を作業台に移す。正方形に形をととのえる。
8 生地の奥と手前を中心まで折り返し、2つ折りにする。
9 生地を4等分にカットする(580〜600g程度)。

成形

10 分割した生地の四隅をそれぞれ引っ張ってのばし、中心まで折り返して重ね、正方形に形をととのえる。
11 麻布を敷いて打ち粉をふったバヌトンに、合わせ目を上にして生地を入れる。

最終発酵

12 18℃・湿度75%のドウコンで30分発酵をとる。

焼成

13 スリップピールにオーブンシートを敷く。
14 生地の表面に打ち粉をふる。バヌトンの上下を返して生地をオーブンシートの上に移す。
15 十字にクープを入れる。
16 上火250℃・下火250℃のデッキオーブンに入れ、スチームを1秒ずつ3回入れる。27分焼成する。

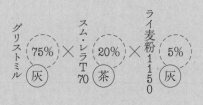

材料(4個分)

パン・ド・ロデヴ生地……1560g
フランス産羊乳チーズ(アベイ・ド・ベロック、1cm角に切る)……240g
ブランデーレーズン*……300g
ヘーゼルナッツ……150g
水……150g

* 鍋に水50gとグラニュー糖30gを入れて沸騰させ、ブランデー100gを加える。レーズン200gを加え、強火で5分煮る。ラップフィルムで落しぶたをし、室温に1晩置いて使用する。

ミルキーな味わいのフランス産羊乳チーズ、アベイ・ド・ベロックと、ブランデーに漬け込んだレーズン、ヘーゼルナッツを練り込んだ、濃厚で旨味豊かなロデヴ。チーズのほどよい塩分で思わずワインがすすむ、おつまみにもなる1品だ。チーズが焦げやすいので、成形時にはできるだけ具材が表面に出ないように注意をすること。具材の量が多くて膨らみにくい生地なので、十分窯のびさせるため、クープは十字に入れ、蒸気の抜けをよくして焼き上げる。

パン・ド・ロデヴ のバリエーション
ロデヴ・フレーズ
☞ P089

工程

手混ぜ
1 水Bとピーカンナッツを合わせ、水に浸けておいたドライストロベリーとグリーンレーズンに加える。
2 ボウルにパン・ド・ロデヴ生地と具材を入れ、全体になじむまで手で混ぜる。

1次発酵・パンチ
3 27℃・湿度75％のドウコンに1時間置いたのち、1回目のパンチを行う。
4 カードを生地とボウルの側面の間にさし入れて生地を持ち上げ、反対側のボウルの側面まで引っ張る。ボウルを回転させながら10回ほど行う。
5 引っ張った時に手に抵抗を感じるようになったらドウコンに戻し、1時間置く。
6 同様の手順で2回目のパンチを行い、ドウコンに戻して1時間置く。

分割
7 生地と作業台に打ち粉をふり、生地を作業台に移す。長方形に形をととのえる。
8 生地の奥と手前を中心まで折り返し、2つ折りにする。
9 生地を6等分にカットする（590〜600g程度）。

成形
10 生地を奥と手前から折り返し、3つ折りのように深めに重ねる。
11 キャンバス地に打ち粉をふり、とじ目を上にして生地を置き、布どりする。

最終発酵
12 18℃・湿度75％のドウコンで30分発酵をとる。

焼成
13 生地の表面に打ち粉をふる。表裏を返して生地をスリップピールに移し、長方形に形をととのえる。
14 斜めの格子状に8本クープを入れる。
15 上火250℃・下火250℃のデッキオーブンに入れ、スチームを1秒ずつ3回入れる。27分焼成する。

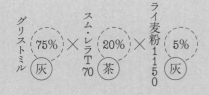
グリストミル 75％ 灰 × スム・レラT70 20％ 茶 × ライ麦粉1150 5％ 灰

材料（6個分）

パン・ド・ロデヴ生地……2340g
ドライストロベリー*……351g
グリーンレーズン*……117g
ピーカンナッツ……351g
水A*……200g
水B……200g

*ドライストロベリーとグリーンレーズンは前日から水Aに浸しておく。

生地の水分を奪わないよう、ドライストロベリーとレーズンは、前日から水に浸けておく。食感が残るように、ピーカンナッツはミキシングの直前にドライフルーツ、水と合わせるようにする。ロデヴ生地に具材を手で混ぜ込んだ後は、ベーシックなパン・ド・ロデヴと同様の手順で1次発酵。ドライフルーツが焦げやすいので、できるだけ具材が表面に出ないように成形する。最終発酵後は、蒸気が均一に抜け、しっかりと窯のびするよう、斜めの格子状に計8本クープを入れて焼成する。

パン・ド・ロデヴ のバリエーション

ロデヴ・デテ

☞ P090

グリストミル 75% 灰 × スム・レタ T70 20% 茶 × ライ麦粉 1150 5% 灰

材料（2個分）

パン・ド・ロデヴ生地……780g
ドライマンゴー*……78g
ドライパッションフルーツ*……46.8g
グラニュー糖*……6.2g
白ワイン*……31.2g
カシューナッツ……62.4g
水……46.8g

＊鍋に白ワインとグラニュー糖を入れて火にかけ、沸騰したら3等分にしたドライマンゴー、ドライパッションフルーツを加え、煮詰まる少し手前まで中火で加熱する。ふた付きの容器に移し、室温で保存。翌日使用する。

工程

手混ぜ

1 ボウルにパン・ド・ロデヴ生地と、白ワインで煮たドライフルーツ、カシューナッツ、水を入れ、全体になじむまで手で混ぜる。

1次発酵・パンチ

2 27℃・湿度75%のドウコンに1時間置いたのち、1回目のパンチを行う。

3 カードを生地とボウルの側面の間にさし入れて生地を持ち上げ、反対側のボウルの側面まで引っ張る。ボウルを回転させながら10回ほど行う。

4 引っ張った時に手に抵抗を感じるようになったらドウコンに戻し、1時間置く。

5 同様の手順で2回目のパンチを行い、ドウコンに戻して1時間置く。

分割

6 生地と作業台に打ち粉をふり、生地を作業台に移す。長方形に形をととのえる。

7 生地の奥と手前を中心まで折り返し、2つ折りにする。

8 生地を2等分にカットする（520〜530g程度）。

成形

9 生地を奥と手前から折り返し、3つ折りのように深めに重ねる。

10 キャンバス地に打ち粉をふり、とじ目を上にして生地を置き、布どりする。

最終発酵

11 18℃・湿度75%のドウコンで30分発酵をとる。

焼成

12 生地の表面に打ち粉をふる。表裏を返してスリップピールに移し、長方形に形をととのえる。

13 斜めの格子状に8本クープを入れる。

14 上火250℃・下火250℃のデッキオーブンに入れ、スチームを1秒ずつ3回入れる。27分焼成する。

ドライのマンゴーとパッションフルーツを加えた、トロピカルな味わいの夏のロデヴ。ドライフルーツはあらかじめ白ワイン、グラニュー糖で煮て水分を補うとともに、旨味と香りをプラス。食感を残すため、カシューナッツはミキシングの直前にドライフルーツ、水と合わせる。ドライフルーツは固まりやすいので、よくほぐしてから生地に加えるのがポイント。蒸気が均一に抜け、しっかり窯のびするよう、クープは斜めの格子状に計8本入れる。

パン・ド・ロデヴ のバリエーション

ロデヴ・ドゥ・メリメロ

☞ P091

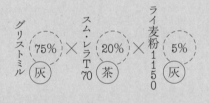

グリストミル 75%（灰） × スム・レラT70 20%（茶） × ライ麦粉1150 5%（灰）

材料（6個分）

パン・ド・ロデヴ生地	2340g
フルーツの漬け込み*	801g
ドライワイルドベリー	100g
ドライクランベリー	100g
ドライカシス	100g
ドライチェリー	100g
プルーン	100g
甘夏ピール	100g
アールグレイ茶葉	1g
白ワイン	100g
クレーム・ド・カシス	100g

* ボウルに材料を入れて混ぜる。ふた付きの容器に移し、室温に24時間以上置く。

工程

ミキシング

1 ミキサーボウルにパン・ド・ロデヴ生地と漬け込んだフルーツを全量加え、低速で1分ミキシングする。

1次発酵・パンチ

2 生地をボウルに移して、27℃・湿度75％のドウコンに1時間置いたのち、1回目のパンチを行う。

3 カードを生地とボウルの側面の間にさし入れて生地を持ち上げ、反対側のボウルの側面まで引っ張る。ボウルを回転させながら10回ほど行う。

4 引っ張った時に手に抵抗を感じるようになったらドウコンに戻し、1時間置く。

5 同様の手順で2回目のパンチを行い、ドウコンに戻して1時間置く。

分割

6 生地と作業台に打ち粉をふり、生地を作業台に移す。長方形に形をととのえる。

7 生地の奥と手前を中心まで折り返し、2つ折りにする。

8 生地を6等分にカットする（520〜530g程度）。

成形

9 分割した生地の四隅をそれぞれ引っ張ってのばし、中心まで折り返して重ね、丸い形をととのえる。

10 麻布を敷いて打ち粉をふったバヌトンに、合わせ目を上にして生地を入れる。

最終発酵

11 18℃・湿度75％のドウコンで45分〜1時間発酵をとる。

焼成

12 生地の表面に打ち粉をふる。バヌトンの上下を返して生地をスリップピールに移す。

13 十字にクープを入れる。

14 上火250℃・下火250℃のデッキオーブンに入れ、スチームを1秒ずつ3回入れる。28分焼成する。

5種類のドライフルーツに甘夏ピール、アールグレイの茶葉を加え、白ワイン、クレーム・ド・カシスに漬け込んだものをロデヴ生地に練り込んだ、旨味と香り豊かな1品。フルーツは24時間以上洋酒に漬け込み、香りをしっかりとまとわせるのがポイント。工程はほぼベーシックなパン・ド・ロデヴと同様だが、具材の量が多く生地がまとまりにくいため、分割・成形時の力加減は通常より軽めにして、ガスが抜けないようにする。クープは十字に入れ、高めの下火温度でしっかりと窯のびさせる。

ライ麦パン 生地を使って

セーグル・フリュイ

☞P092

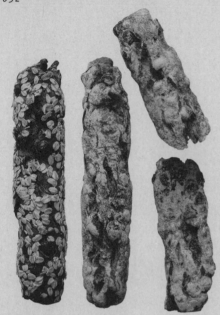

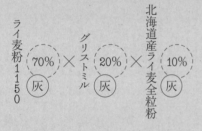

ライ麦粉1150 灰 70% × グリストミル 灰 20% × 北海道産ライ麦全粒粉 灰 10%

材料（7個分）

ライ麦パン生地……500g
A*1
　アプリコット……150g
　グリーンレーズン……150g
　プルーン……150g
　クランベリー……150g
　レーズン……150g
　水……150g
B*2
　オートミール……50g
　アマニ……10g
　水……15g
仕上げ用オートミール……適量

*1 材料を合わせて1晩おく。
*2 材料を合わせて10分ほどおく。

工程

手混ぜ
1　ボウルに生地を入れ、AとBの材料を加える。具材が均一に混ざるよう、手混ぜする。

フロアタイム
2　室温に30分置く。

分割・成形
3　生地と作業台にライ麦粉（分量外）をふり、生地を作業台に移す。
4　210gに分割する。
5　生地を手のひらで押さえて平らにし、端から転がして俵形にする。
6　両手で転がしながら、長さ約16cmの棒状にのばす。
7　生地の表面に霧吹きで水をかけ、全体にオートミールをまぶす。オートミールを付けない場合は、全体にライ麦粉をまぶす。
8　キャンバス地でひだをつくり、生地を並べる。

最終発酵
9　28℃・湿度80%のドウコンで30～40分発酵させる。発酵後は、生地がゆるみ、ふっくらとした手ざわりになる。

焼成
10　上火250℃・下火250℃のデッキオーブンに入れ、スチームを1秒ずつ5～6回入れる。20分焼成する。

湯種とオレンジハチミツを加えてつくるライ麦パン生地に、5種のドライフルーツとオートミール、アマニを練り込んだ、フルーツケーキのようなライ麦パン。具材が水分を吸って生地が固くなるのを防ぐため、ドライフルーツは前日から、オートミールとアマニは10分ほど水に浸してから使用する。火が入りすぎると固くなるため、上火250℃・下火250℃と高めの温度で20分焼成。外はこうばしく、中はしっとり、ねっちりとした食感に焼き上げる。

カボチャを練り込んだ **食事パン**

ポティロン

☞ P093

粉粋 100% 黄

材料（4個分）

湯種
- 国産強力粉（平和製粉「粉粋」） ……10%／100g
- 熱湯……20%／200g

本ごね
- 国産強力粉（平和製粉「粉粋」） ……90%／900g
- 塩……2.5%／25g
- グラニュー糖……5%／50g
- セミドライイースト……0.5%／5g
- カボチャのピュレ（無糖）……50%／500g
- カボチャ（薄切り）……45%／450g
- サラダホウレンソウ……15%／150g
- 水……40%／400g
- 足し水……30%／300g

工程

湯種をつくる
1 ボウルに小麦粉と熱湯を入れ、全体が均一になじむまでヘラで混ぜる。ラップフィルムで包み、粗熱がとれたら7℃の冷蔵庫に1晩置く。

本ごね
2 ミキサーボウルに水40%、小麦粉、塩、グラニュー糖、セミドライイースト、カボチャのピュレを入れる。湯種をちぎって加える。
3 低速で3分、中速で3分、中高速で3分ミキシングする。
4 7割方生地ができたら、低速と中速に適宜切り替えながら、約10分かけてバシナージュする。
5 中高速で5分ミキシングし、薄切りにしたカボチャ、サラダホウレンソウを投入。低速で全体に混ざるまで1分ミキシングする。こね上げ温度は24℃。

1次発酵
6 生地をボウルに移し、28℃・湿度75%のドウコンで2時間30分発酵させる。

分割・前成形
7 770gに分割する。
8 平らにならして2つ折りにし、俵形に前成形する。

ベンチタイム
9 とじ目を下にしてばんじゅうに並べ、ふたをして室温で5分休ませる。

成形
10 軽くたたいてガスを抜き、平らにならす。
11 とじ目を上にして、奥と手前から生地を折り返して中心で合わせ、合わせ目を押さえてとじる。
12 キャンバス地に打ち粉をふり、ひだをつくる。とじ目を下にして生地を並べる。

最終発酵
13 18℃・湿度85%のドウコンで1時間発酵させる。

焼成
14 上火240℃・下火240℃のデッキオーブンに入れ、スチームを1秒ずつ3回入れる。25分焼成する。
15 上火230℃・下火230℃に下げ、17〜18分焼く。

生のカボチャとピュレを合わせて粉対比95%加えた、カボチャの甘味、旨味が詰まったパン。粉はキタノカオリ100%の「粉粋」を使用。そのうち10%を湯種にすることで、甘味をより際立たせ、もちっとした食感に仕上げる。ホウレンソウは生のまま加え、彩りと風味のアクセントに。バシナージュで吸水が高まり、さらに湯種と野菜の水分が加わるため、生地はかなりやわらかめ。火が入りにくいので、温度を調整しながらトータル42〜43分焼成する。

クロワッサン 生地を使って

パン・オ・ショコラ
☞ P102

工程

成形
1 生地を2つ折りにし、上下の端生地をカットして除く。
2 11×8cm（1個約60g）にカットする。
3 霧吹きで水をかける。
4 生地を縦長にして置き、手前側にバトン・ショコラを2本のせる。奥に向かって4分の1回転させ、バトン・ショコラをもう1本のせる。クルッと奥に向かって丸める。

最終発酵
5 とじ目を下にして天板に並べ、28℃・湿度75%のドウコンで4時間発酵させる。

焼成
6 表面に溶き卵を塗る。
7 天板に網をかませてデッキオーブンに入れ、上火230℃・下火230℃で8分焼成。天板の前後を入れ替えて、さらに6〜7分焼く（網をかませない場合は上火230℃・下火180℃で焼成）。

ジュ・フランソワ 50% 黄 × シャントゥール 40% 黄 × グリストミル 10% 灰

材料（34個分）
クロワッサン生地*……2300g
バトン・ショコラ……102本
溶き卵……適量

＊クロワッサン生地を厚さ4mmにのばす。折りたたんでブラックにのせ、ビニールシートをかけて−10℃の冷凍庫に1晩置く。

3つ折り×4つ折り×3つ折りで、バターを24層に折り込んだクロワッサン生地（P098）を使用。塩けと甘味を強めにきかせた生地とのバランスを考え、バトン・ショコラはカカオ感がしっかりとしていて、やや酸味のあるオーガニックのものをセレクト。チョコレートの存在感が感じられる1品に仕上げる。成形は、きつく巻きすぎると生地がのびず、弾ける原因に。ゆるいとダレるので、ほどよい力加減で行う。とじ目が開かないよう、巻き終わりもしっかりとじておく。

クロワッサン 生地を使って

パルミエ

☞ P103

a

b

c

d

工程

クロワッサン2番生地ののばしと折り込み

1 クロワッサン生地の端生地（2番生地）を、長さや幅をそろえてプラックに並べ、−10℃の冷凍庫で保存しておく（**a**）。
2 シーターの上に、大きめの端生地を横方向に隙間なく並べる。
3 2の上に、残りの端生地を斜めにして、隙間なく並べる（**b**）。
4 シーターで厚さ7mmにのばし、左右から生地を折り返して、2つ折りにする（**c**）。
5 生地を90度回転させ、厚さ8mmにのばす（**d**）。
6 左右から生地を折り返して、2つ折りにする。
7 生地を90度回転させ、厚さ8mmにのばす。
8 生地を2つ折りにして90度回転させ、厚さ7.5mmにのばす。
9 プラックにのせ、−10℃の冷凍庫で1時間～2時間休ませる。

成形

10 9の生地を幅44cm、厚さ3mmにのばす。上下左右の端生地をカットして除く。
11 表面に霧吹きで水を吹きかけ、メープルシュガーを茶漉しでふりかける。
12 縦に6分割になるよう、生地の端に印をつける。
13 奥と手前から6分の1ずつ生地を折り返す。
14 さらに奥と手前から6分の1ずつ折り返し、中心で合わせる。
15 奥から折り返して2つ折りにする。
16 天板にのせてビニールシートで包み、−10℃の冷凍庫に1晩置く。
17 厚さ1.5cmにカットする。断面がハート形になる。
18 片面にメープルシュガーをまぶし、天板にメープルシュガーをかけた面が上になるように並べる。メープルシュガーが溶けないよう、すぐに焼成する。

焼成

19 上火170℃・下火170℃のデッキオーブンで30分焼成。天板の前後を入れ替えて、さらに10～15分焼く。

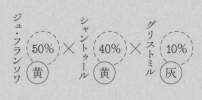

ジュ・フランソワ 50% 黄 × シャントゥール 40% 黄 × グリストミル 10% 灰

材料

クロワッサン2番生地……適量
メープルシュガー……適量

クロワッサンの2番生地でつくるフランスの伝統的なパイ菓子。生地を最終のしした後にメープルシュガーをふって成形し、さらにメープルシュガーを表面にふって焼き上げることで、カリッとこうばしく、メープルシュガーならではのまろやかな甘味が印象的な1品に仕上げる。成形は、しっかり冷やしておいた生地を、奥と手前から6分の1ずつ計2回折り返したのち、さらに2つ折りにしてからカット。こうすることで、きれいなハート形に仕上がる。

クロワッサン 生地を使って

バトン・シュクレ

☞ P104

工程

クロワッサン2番生地ののばしと折り込み

1 クロワッサン生地の端生地（2番生地）を、長さや幅をそろえてプラックに並べ、-10℃の冷凍庫で保存しておく。

2 シーターの上に大きめの端生地を横方向に隙間なく並べる。

3 2の上に、残りの端生地を斜めにして、隙間なく並べる。

4 シーターで厚さ7mmにのばし、左右から生地を折り返して、2つ折りにする。

5 生地を90度回転させ、厚さ6mmにのばす。

6 左右から生地を折り返して、2つ折りにする。

7 生地を90度回転させ、厚さ8mmにのばす。

8 生地を2つ折りにして90度回転させ、厚さ7.5mmにのばす。

9 プラックにのせ、-10℃の冷凍庫で1時間〜2時間休ませる。

10 再度シーターで厚さ7.5mmにのばし、-10℃の冷凍庫で1時間休ませる。

成形

11 生地の層が不均一な上下左右の端生地をカットして除き、長さ15cm、幅2cm（1個約25g）の棒状にカットする。

12 作業台の上で右手と左手を逆方向にずらし、1本ずつひねりを加える。軽く押さえてつぶす。

13 プラックに並べ、ビニールシートで包んで-10℃の冷凍庫に1晩置く。

焼成

14 天板に並べ、上火180℃・下火180℃のデッキオーブンで42分焼く。

仕上げ

15 熱いうちにシナモンシュガーをたっぷりまぶす。

ジュ・フランソワ 50% 黄 × シャントゥール 40% 黄 × グリストミル 10% 灰

材料

クロワッサン2番生地……適量
シナモンシュガー*……適量

＊含蜜糖（大東製糖「素焚糖」）とシナモンパウダーを100:1の割合で合わせる。

クロワッサンの2番生地でつくる、パイのようなサクサク食感のおやつ菓子。2番生地は層をつぶさないよう、きれいに並べて冷凍保存。2つ折りにしてのばす作業を3回行い、厚さ7.5mmにのばしてから棒状にカット。ひねりを加えて形をととのえ、冷凍庫で生地を締めたのち、低めの温度でこうばしく焼き上げる。焼成後、熱いうちにシナモンシュガーをまぶせば完成。含蜜糖のブラウンシュガー系の甘味とシナモンの香りがクセになる1品。

クロワッサン 生地を使って

バトン・サレ

☞ P105

工程

クロワッサン2番生地ののばしと折り込み

1 クロワッサン生地の端生地(2番生地)を、長さや幅をそろえてプラックに並べ、-10℃の冷凍庫で保存しておく。

2 シーターの上に大きめの端生地を横方向に隙間なく並べる。

3 2の上に、残りの端生地を斜めにして、隙間なく並べる。

4 シーターで厚さ7mmにのばし、左右から生地を折り返して、2つ折りにする。

5 生地を90度回転させ、厚さ6mmにのばす。

6 生地の表面に霧吹きで水をかけ、パウダーチーズを全体にふる。

7 左右から生地を折り返して、2つ折りにする。

8 生地を90度回転させ、厚さ8mmにのばす。

9 生地を2つ折りにして90度回転させ、厚さ7.5mmにのばす。

10 プラックにのせ、-10℃の冷凍庫で1時間～2時間休ませる。

成形

11 生地の層が不均一な上下左右の端生地をカットして除き、長さ15cm、幅2cm(1個約25g)の棒状にカットする。

12 作業台の上で右手と左手を逆方向にずらし、1本ずつひねりを加える。軽く押さえてつぶす。

13 プラックに並べ、ビニールシートで包んで-10℃の冷凍庫に1晩置く。

焼成

14 天板に並べ、上火180℃・下火180℃のデッキオーブンで42分焼く。

仕上げ

15 熱いうちにパウダーチーズをたっぷりまぶし、さらにオーブンで2～3分焼く。

ジュ・フランソワ 50% 黄 × シャントゥール 40% 黄 × グリストミル 10% 灰

材料

クロワッサン2番生地……適量

パウダーチーズ(パルミジャーノ・レッジャーノ、またはグリュイエール)……適量

クロワッサンの2番生地でつくる、おつまみ系のパイ菓子。2番生地を1つにまとめて折り込む際に、パルミジャーノ・レッジャーノチーズやグリュイエールチーズをふり、焼成後にも表面にまぶして、サクッと軽く、酒がすすむ1品に仕上げる。チーズの量はお好みで。ただし、多すぎると焦げるので注意が必要だ。黒コショウやローズマリーなど、チーズに合うスパイスやハーブを加えたり、グリッシーニのような長さに成形し、生ハムを巻いて食べたりするのもおすすめだ。

クロワッサン 生地を使って

鶏肉と根菜のキッシュ

☞P106

ジュ・フランソワ 50% 黄 × シャントゥール 40% 黄 × グリストミル 10% 灰

材料（直径14×高さ6cmの型・1台分）

クロワッサン2番生地……280g
アパレイユ*……350g
タマネギ（スライスしてローストする）……60g
紫ジャガイモA、ピンクジャガイモA
　（ゆでて、ひと口大にカットする）……各35g
ビーツA（窯で蒸し焼きにし、角切りにする）
　……35g
紫ニンジンA、黄色ニンジンA
　（ゆでてからローストし、ひと口大にカットする）
　……各30g
カボチャA（ひと口大にカットして、ローストする）
　……35g
レッドチェダーチーズ（シュレッド）……45g
鶏ムネ肉A（オリーブ油、塩、黒コショウ、タイムでマリネしてソテー。ひと口大にカットする）
　……30g

仕上げ用（各適量）

紫ジャガイモB、ピンクジャガイモB
　（下ゆでして揚げる）
ビーツB（薄切りにして揚げる）
紫ニンジンB、黄色ニンジンB
　（ゆでてからローストし、ひと口大にカットする）
カボチャB（スライスしてローストする）
鶏ムネ肉B（Aと同様に調理する）
レンコン（スライスしてローストする）
ペコロス（ローストして1/2にカットする）
オリーブ油、黒コショウ、タイム

＊アパレイユのつくり方
全卵170gを溶き、牛乳240g、生クリーム200g、塩2g、黒コショウ適量を加えて、よく混ぜる。

工程

生地を焼く

1 クロワッサン2番生地（P191、クロワッサン2番生地ののばしと折り込み参照）を厚さ3mmにのばす。
2 生地を型に敷き込み、隙間ができないよう密着させる。
3 型の上に麺棒を転がし、余分な生地を切り落とす。
4 −10℃の冷凍庫で1時間以上休ませる。
5 オーブンシートを生地の上に敷き込む。
6 タルトストーンを縁いっぱいまで入れる。
7 上火200℃・下火200℃のデッキオーブンで1時間焼く。
8 タルトストーンとオーブンシートを除き、表面に焼き色が付くまで20分焼く。

組立て・焼成

9 具材とアパレイユの1層目を焼く。空焼きしたクロワッサンの2番生地に、ローストしたタマネギ60g、紫ジャガイモA20g、ピンクジャガイモA20g、ビーツA20g、紫ニンジンA20g、黄色ニンジンA20g、カボチャA20g、レッドチェダーチーズ20gをバランスよくのせ、アパレイユを170g流す。上火200℃・下火200℃のデッキオーブンで38分焼く。
10 2層目を焼く。9の上に紫ジャガイモA15g、ピンクジャガイモA15g、ビーツA15g、紫ニンジンA10g、黄色ニンジンA10g、カボチャA15g、鶏ムネ肉A30g、レッドチェダーチーズ10gをバランスよくのせ、アパレイユを110g流す。上火200℃・下火200℃のデッキオーブンで20分焼く。
11 3層目を焼く。10の上にレッドチェダーチーズ15gをちらし、アパレイユを70g流す。上火200℃・下火200℃のデッキオーブンで15分焼く。
12 11のチーズが固まらないうちに、仕上げ用の材料を彩りよくトッピングする。
13 オリーブ油と黒コショウをかけ、上火200℃・下火200℃のデッキオーブンで5分焼く。

酒のつまみにも食事にもなる、具だくさんのキッシュ。土台は、フォンサージュし、パリッと焼き上げたクロワッサンの2番生地。鶏ムネ肉や根菜、カボチャなどの具材は、それぞれの風味、食感が生きるよう下処理してから生地に並べ、アパレイユを流して焼成する。具材とアパレイユは、一度に生地に入れて焼くと中まで火が通るのに時間がかかるため、3層に分けて火を入れる。具材をトッピングした後はオリーブ油と黒コショウをかけて再度加熱し、具材がなじむようにする。

クロワッサン 生地を使って

シャルキュトリーと
カマンベールチーズのキッシュ

☞P107

材料（直径14×高さ6cmの型・1台分）

クロワッサン2番生地……280g
アパレイユ*……400g
タマネギ（スライスしてローストする）……60g
ベーコンA（焼いて2～3cm角にカットする）
　……35g
チョリソー（ゆでてから焼き目を付け、輪切りにする）……40g
カマンベールチーズA
　（2～3cm角にカットする）……50g
生ハムA（2～3cm角にカットする）……12g

仕上げ用（各適量）

ベーコンB（ひと口大にカットし、焼き目を付ける）
生ハムB（ひと口大にカットする）
ハーブソーセージ（ゆでてから焼き目を付ける）
粗挽きソーセージ（ゆでてから焼き目を付ける）
サラミ（ひと口大にカットする）
カマンベールチーズB（ひと口大に切り、焼き目を付ける）
コルニッション
オリーブ油

*アパレイユのつくり方
全卵170gを溶き、牛乳240g、生クリーム200g、塩2g、黒コショウ適量を加えて、よく混ぜる。

工程

生地を焼く

1 クロワッサン2番生地（P191、クロワッサン2番生地のばしと折り込み参照）を厚さ3mmにのばす。
2 生地を型に敷き込み、隙間ができないよう密着させる。
3 型の上に麺棒を転がし、余分な生地を切り落とす。
4 −10℃の冷凍庫で1時間以上休ませる。
5 オーブンシートを生地の上に敷き込む。
6 タルトストーンを縁いっぱいまで入れる。
7 上火200℃・下火200℃のデッキオーブンで1時間焼く。
8 タルトストーンとオーブンシートを除き、表面に焼き色が付くまで20分焼く。

組立て・焼成

9 具材とアパレイユの1層目を焼く。空焼きしたクロワッサンの2番生地に、ローストしたタマネギ60g、ベーコンA25g、チョリソー40g、カマンベールチーズA25gをバランスよくのせ、アパレイユを170g流す。上火200℃・下火200℃のデッキオーブンで38分焼く。
10 2層目を焼く。9の上にベーコンA10g、生ハムA12g、カマンベールチーズA25gをバランスよくのせ、アパレイユを130g流す。上火200℃・下火200℃のデッキオーブンで20分焼く。
11 3層目を焼く。10の上にアパレイユを100g流す。上火200℃・下火200℃のデッキオーブンで15分焼く。
12 11のアパレイユが熱いうちに、仕上げ用の材料を彩りよくトッピングする。
13 オリーブ油をかけ、上火200℃・下火200℃のデッキオーブンで5分焼く。

生ハム、サラミ、ベーコン、ソーセージなど、食感と味わいの異なるシャルキュトリーをぜいたくに使用。カマンベールチーズのまろやかなコクを加えた、ワインによく合うキッシュ。土台は、パリッとこうばしく焼き上げたクロワッサンの2番生地。具材は、それぞれの風味、食感が生きるよう下処理してから生地に並べ、アパレイユを流して焼成する。1つ目の層を焼いたのち、型を揺らしてみて、アパレイユが焼き固まっているのを確認してから、次の層を重ねる。

ビストロ「ドゥ フイユ」の食事パン

パン・ドゥ・フイユ

☞ P132

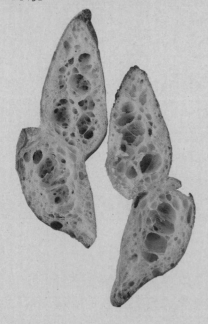

粉粋（黄）70% × グリストミル（灰）25% × スム・レラT70（茶）5%

材料（27個分）

湯種
国産強力粉（平和製粉「粉粋」）
　……20%／200g
熱湯……40%／400g

本ごね
国産強力粉（平和製粉「粉粋」）
　……50%／500g
石臼挽き強力粉（ニップン「グリストミル」）
　……25%／250g
北海道産石臼挽き準強力粉
　（アグリシステム「スム・レラT70」）
　……5%／50g
塩……2.3%／23g
セミドライイースト……0.18%／18g
米麹種……12%／120g
水……60%／600g

工程

湯種をつくる
1　ボウルに小麦粉と熱湯を入れ、全体が均一になじむまでヘラで混ぜる。こね上げ温度は70℃。
2　ラップフィルムで包み、粗熱をとってから7℃の冷蔵庫で保存。翌日使用する。

ミキシング・オートリーズ
3　ミキサーボウルに水、小麦粉を入れ、低速で3分ミキシング。ボウルに移し、20℃・湿度80%のドウコンで2時間オートリーズをとる。
4　生地をミキサーボウルに入れ、塩、セミドライイースト、米麹種、湯種を投入。低速で3分、中速で3分、中高速で1分ミキシング。こね上げ温度は20℃。

1次発酵・パンチ
5　生地をボウルに移し、20℃・湿度85%のドウコンに30分置く。
6　パンチを行う。生地と作業台に打ち粉をふり、生地を作業台に移す。
7　四角く形をととのえ、左右から生地を折り返して3つ折りにする。
8　手前から3分の1折り返し、手前から奥へ向かってクルッと回転させる。合わせ目を下にしてボウルに戻す。
9　ビニールシートをかけ、7℃の冷蔵庫で16時間発酵させる。

分割・丸め
10　80gに分割し、ふわっと軽く丸める。

ベンチタイム
11　とじ目を下にしてばんじゅうに並べ、ふたをして室温で10分休ませる。

成形
12　生地と作業台に打ち粉をふり、生地をとじ目を上にして作業台に置く。
13　手前から生地を折り返して2つ折りにする。軽くたたいて大きな気泡をつぶす。
14　奥から3分の2折り返し、合わせ目を押さえる。
15　奥から2つ折りにし、合わせ目を押さえてとじる。
16　前後に転がして長さ15cmのアンシエンヌ形にととのえる。
17　全体に打ち粉をふり、布どりする。

最終発酵
18　28℃・湿度80%のドウコンで1時間発酵させる。

焼成
19　縦にクープを1本入れる。
20　中心にハサミで斜めに切り込みを入れ、生地をずらして二葉の形にする。
21　上火250℃・下火230℃のデッキオーブンに入れ、スチームを1秒ずつ3回入れる。18〜19分焼成する。

湯種を加えるアルファバゲットと米麹種を使うバゲット・オリゼーのいいとこ取りをした、ハイブリッドなパン。米麹種が入るぶん、アルファバゲット生地よりダレやすいため、冷蔵発酵は最大16時間程度までに。生地を少し締めるイメージでパンチや丸めを行う。レストランで提供するパンなので、食べやすさを考えて、分割は小さめに。焼成前にハサミでカットし、生地をずらして二葉（フイユ）の形にすることで、醤油煎餅のようなクラストのこうばしさが際立つ。

食パンのバリエーション

パン・ド・ミ・ショコラ

☞ P160

ドルフィン 80% 白 × シャントゥール 20% 黄

材料（12×12×高さ11cmの型・6個分）

カナダ産強力粉（日東富士製粉「ドルフィン」）
　…… 80%／800g
フランス産準強力粉（日東富士製粉「シャントゥール」）…… 20%／200g
塩…… 1.8%／18g
含蜜糖（大東製糖「素焚糖」）
　…… 20%／200g
セミドライイースト…… 1%／10g
加糖卵黄（加糖20%）…… 5%／50g
ブラックカカオパウダー…… 1%／10g
カカオパウダー…… 5%／50g
生クリーム（乳脂肪分38%）
　…… 15%／150g
牛乳…… 70%／700g
発酵バター（厚さ5mmにスライスする）
　…… 30%／300g
チョコレート（カオカ「トロアコンチネンツ61%」・カカオ分61%）…… 50%／500g
クランベリー…… 15%／150g

仕上げ用

クラッシュアーモンド…適量

工程

ミキシング

1 ミキサーボウルに発酵バター、チョコレート、クランベリー以外の材料を入れ、低速で3分、中速で5分、中高速で1分ミキシングする。
2 バターを1切れずつ加えながら低速で3分ミキシング。中速で2分ミキシングした後、チョコレートとクランベリーを加え、低速で2分ミキシングする。こね上げ温度は24〜25℃。

1次発酵

3 生地をボウルに移し、ビニールシートをかけて、7℃の冷蔵庫で10時間発酵させる。

分割・丸め

4 生地と作業台に打ち粉をふり、生地を作業台に移す。
5 500gに分割し、軽く丸める。

ベンチタイム

6 ばんじゅうに並べ、ふたをして室温で10〜15分休ませる。

成形

7 丸形に丸め直して表面を張らせる。
8 離型油を塗った型に、とじ目を下にして入れる。

最終発酵

9 28℃・湿度80%のドウコンで1時間発酵させる。

焼成

10 上面にクラッシュアーモンドをかける。
11 上火200℃・下火200℃のデッキオーブンに入れ、スチームを1秒ずつ3回入れて35分焼成する。
12 すぐに型をはずし、粗熱をとる。

しっかりとした骨格をつくりつつ、歯切れのよい生地に仕上げる目的で、小麦粉はタンパク値の高い強力粉「ドルフィン」を使用。ブリオッシュのようなコクと甘味を出すため、砂糖は含蜜糖を使用する。チョコレートは冷えた状態で加え混ぜ、低温長時間発酵。最終発酵もチョコレートが溶けない温度帯で行い、チョコレートの形を残した状態で焼成。チョコレートのとろりとした食感と生地のおいしさが味わえる1品に仕上げる。

ブリオッシュのバリエーション

マリーゴールドとマンゴーのブリオッシュ

☞ P168

材料（上直径11cm、底直径10cm、高さ9.7cmの紙型・11個分）

カナダ産強力粉（日東富士製粉「ドルフィン」）
……50%／500g
石臼挽き強力粉（ニップン「グリストミル」）
……30%／300g
フランス産準強力粉（日東富士製粉「シャントゥール」）……20%／200g
塩……2%／20g
セミドライイースト……1.2%／12g
加糖卵黄（加糖20%）……50%／500g
ヨーグルト……10%／100g
牛乳……35%／350g
オーガニックグラニュー糖
……20%／200g
発酵バター（厚さ5mmにスライスする）
……60%／600g
ドライマリーゴールド……0.5%／5g
ドライフルーツの白ワイン煮*1……全量
上がけ*2……適量
デコレーション用粉糖……適量

*1 ドライフルーツの白ワイン煮
白ワイン……30%／300g グラニュー糖……5%／50g グリーンレーズン……20%／200g ドライマンゴー……30%／300g
鍋に白ワイン、グラニュー糖を入れて沸騰させ、グリーンレーズン、細かくきざんだドライマンゴーを加えて10分ほど煮る。火を止めて容器に移し、ふたをして室温で保存。翌日使用する。
*2 上がけする直前につくる。卵白400gと粉糖800gを合わせ、8分立てにする。アーモンドパウダー200gを加え混ぜる。

工程

ミキシング

1 ミキサーボウルに小麦粉、塩、セミドライイースト、加糖卵黄、ヨーグルト、牛乳を入れ、低速で3分、中速で3分、中高速で3分ミキシングする。
2 低速で攪拌しながらグラニュー糖の3分の1量を加え、発酵バターを1切れずつ投入する。低速で計5分ミキシングし、なじんだら残りのグラニュー糖を加える。中速で5分、中高速で2分ミキシングする。
3 ドライマリーゴールドとドライフルーツの白ワイン煮を加え、低速で3分ミキシングする。具材が均一に混ざり、薄い膜状にのびるようになればこね上がり。こね上げ温度は25℃。

1次発酵

4 生地をボウルに移し、室温で1時間30分〜2時間発酵をとる。

冷凍

5 生地とプラックに打ち粉をし、プラックに生地をのせて平らにのばす。
6 ビニールシートをかけて、−10℃の冷凍庫で冷凍保存する。3〜4日保存可能。

分割・成形

7 生地と作業台に打ち粉をふり、生地を作業台に移す。300gに分割する。
8 しっかり丸めて離型油を塗った型に入れる。

最終発酵

9 28℃・湿度80%のドウコンで1時間30分〜2時間発酵させる。

焼成

10 上がけを上面に絞り、デコレーション用粉糖をかける。
11 上火195℃・下火225℃のデッキオーブンで28分焼く。
12 焼成後、生地がしぼまないよう上下を逆さまにして、吊るして冷ます。

しっとりとした口あたりのデザート的なブリオッシュをつくろうと考案したアイテム。粉はクセのない「ドルフィン」をメインに使用。グリーンレーズンとドライマンゴーは白ワインで煮てから使用することで、旨味、香りを高め、生地の水分が奪われるのを防ぐ。ゆるめの上がけをかけて焼き上げるこのブリオッシュは、焼成後そのままの状態で置くと生地がしぼんでしまうため、焼き上がったらパネットーネのように串をさし、上下逆さまに吊り下げて冷ます。

ブリオッシュのバリエーション

トリュフブリオッシュ

☞ P169

粉粋 50% 黄 × グリストミル 30% 灰 × シャントゥール 20% 黄

材料（上16.5×9cm、底15×7cm、高さ5cmの型・7個分）

国産強力粉（平和製粉「粉粋」）
　……50%／500g
石臼挽き強力粉（ニップン「グリストミル」）
　……30%／300g
フランス産準強力粉（日東富士製粉
「シャントゥール」）……20%／200g
塩……2%／20g
グラニュー糖……12%／120g
ルヴァン種……5%／50g
セミドライイースト……1.2%／12g
加糖卵黄（加糖20%）……50%／500g
ヨーグルト……10%／100g
牛乳……38%／380g
パルミジャーノ・レッジャーノチーズ
　……5%／50g
発酵バター（厚さ5mmにスライスする）
　……55%／550g
トリュフ（みじん切りにする）……1.8%／18g
トリュフオイル……2.5%／25g

工程

ミキシング

1 発酵バター、トリュフ、トリュフオイル以外の材料をミキサーボウルに入れ、低速で3分、中速で5分、中高速で6分ミキシングする。

2 低速で撹拌しながらバターを1切れずつ加えていき、低速で計5分、中速で1分ミキシング。トリュフとトリュフオイルを加え、低速で30秒、中速で4分ミキシングする。均一に混ざり、薄い膜状にのびるようになればこね上がり。こね上げ温度は25℃。

1次発酵

3 生地をボウルに移し、28℃・湿度75%のドウコンで2時間発酵をとる。

冷凍

4 生地とプラックに打ち粉をし、プラックに生地をのせて平らにのばす。

5 ビニールシートをかけて、−10℃の冷凍庫で冷凍保存する。3〜4日保存可能。

分割・成形

6 生地と作業台に打ち粉をふり、生地を作業台に移す。150gに分割する。

7 平らにして2つ折りにする。麺棒で横幅約15cmの長方形にのばす。

8 生地の奥側の端から2〜3cm分を薄くのばして霧吹きで水をかけ、手前から空気が入らないようにクルクルと巻く。

9 離型油を塗った型に**8**を2本入れ、上から軽く押す。

最終発酵

10 28℃・湿度80%のドウコンで1時間30分〜2時間発酵をさせる。

焼成

11 上火190℃・下火220℃のデッキオーブンで28分焼く。

トリュフの濃厚な味、香りに負けない生地にするため、粉はキタノカオリ100%の「粉粋」をメインに、旨味のある「グリストミル」、甘味のきれいな「シャントゥール」を配合。ルヴァン種の旨味、チーズのコクと塩味、ヨーグルトの酸味を加えてバランスのとれた味わいに仕上げる。香りがとばないよう、トリュフとトリュフオイルは最後に加え混ぜ、均一に混ざったらミキシング終了。店の周年記念限定のスペシャルなアイテムとして、店名の焼印を押して提供する。

シュトーレンのバリエーション

シュトーレン・ショコラ・ド・ネージュ

☞ P176

材料（17.5×7.5×高さ6cmの型・12.5個分）

中種

北海道産石臼挽き準強力粉（アグリシステム「スム・レラT70」）……30%／300g

フランス産準強力粉（日東富士製粉「シャントゥール」）……20%／200g

グラニュー糖……10%／100g

ルヴァン種……20%／200g

生クリーム（乳脂肪分38%）……20%／200g

水……14%／140g

本ごね

フランス産準強力粉（日東富士製粉「シャントゥール」）……30%／300g

石臼挽き強力粉（ニップン「グリストミル」）……20%／200g

発酵バター……50%／500g

塩……0.5%／5g

グラニュー糖……20%／200g

チョコレート（カオカ「トロアコンチネンツ61%」・カカオ分61%、溶かしておく）……10%／100g

セミドライイースト……1.2%／12g

カカオパウダー……5%／50g

牛乳……18%／180g

シュトーレンフルーツ*1……100%／1000g

セミドライクランベリー……10%／100g

チョコレートチップ（ベルコラーデ「グレン・ノワール・セレクシオン」・カカオ分50%）……15%／150g

仕上げ

澄ましバター……50%／500g

バニラシュガー*2……適量

デコレーション用粉糖……適量

*1 シュトーレンフルーツ（つくりやすい分量）
レーズン……2000g　カレンズ……500g　チェリー……2000g　サルタナレーズン……1500g　オレンジピール……1000g　シトロンピール……500g　クルミ……800g　アーモンド……800g　グラッパ……350g　ラム酒……200gg　グラン マルニエ……350g　クレーム・ド・カシス……350g　赤ワイン……200g　白ワイン……300g　カカオパウダー……30g　シナモンパウダー……30g　シロップ*……500g
*水とグラニュー糖を1:1の割合で合わせ、沸騰させてから冷やしたもの。
ふた付きの容器にすべての材料を入れて混ぜる。室温に置き、毎日1回混ぜる。最低2週間以上おいて使用する。

*2 バニラシュガー
含蜜糖（大東製糖「素焚糖」）1kgに、バニラパウダー10gを加え混ぜる。

シュトーレンは毎年、異なるレシピで製造・販売。フルーティーな香りをもつチョコレートとチョコレートチップを生地に加えた「ショコラ・ド・ネージュ」は2022年に提供したアイテムだ。チョコレートチップを練り込むことで、よりチョコレート感が強く感じられる仕上がりに。チョコレートの風味を飽きずに楽しんでもらえるよう、ドライクランベリーをアクセントとして加えている。

工程

中種を手ごねする
1 中種の材料をボウルに入れ、指先を使って混ぜる。
2 1つにまとまってきたら、そば打ちの菊練りの要領で、ボウルを回転させながら手の付け根で生地を押し込むようにしてこねていく。
3 均一に混ざったら、生地の端を持ってボウルにたたきつけ、グルテンをつないでいく。表面がつるんとなめらかになれば手ごね終了。こね上げ温度は20℃。

中種発酵
4 生地の表面をなめらかにととのえてボウルに入れ、ラップフィルムでおおい、20℃・湿度75%のドウコンで12時間発酵させる。
5 本ごねまで7℃の冷蔵庫で保存。本ごね前に室温に1時間〜2時間置いて復温する。

ミキシング
6 ミキサーボウルに、室温にもどした発酵バターと塩、グラニュー糖を入れ、ビーターを付けて低速で3分すり混ぜたのち、中速で10分混ぜる。
7 なめらかになったら、湯煎で溶かしたチョコレートを加え、低速で2分混ぜる。チョコレートが均一になじむまでカードで混ぜてから、フックに付け替える。
8 小麦粉、セミドライイースト、カカオパウダー、牛乳を加え、低速で1分ミキシングする。
9 中種をちぎって加え、均一に混ざるまで低速で5分ミキシングする。皮用の生地1062.5g分を取り分ける。
10 残った生地(中生地用)にシュトーレンフルーツとセミドライクランベリー、冷蔵庫で冷やしておいたチョコレートチップを加え、低速で2分ミキシングする。こね上げ温度は22℃。

分割・丸め
11 皮用の生地を85gに分割し、軽く丸めて俵形にととのえる。
12 中生地を230gに分割し、軽くたたいて生地を平らにならす。手前から転がして丸める。
13 90度生地を回転し、軽くたたいて平らにする。手前から転がして棒状に丸める。とじ目を下にして、ばんじゅうに並べる。

成形
14 中生地を、とじ目を上にして置き、軽くたたいて長方形に形をととのえる。
15 生地を手前から3分の1折り返す。奥から生地を折り返して端が重なるように合わせてとじる。
16 奥から2つ折りにし、合わせ目をしっかり押さえてとじる。
17 皮生地を麺棒で四角くのばす。霧吹きをして、中生地をとじ目を上にしてのせ、空気が入らないように包み、しっかりとじる。表面に竹串で穴を数ヵ所あけ、気泡ができないようにする。
18 型に離型油を塗り、とじ目を下にして生地を入れ、上から軽く押さえる。

最終発酵
19 28℃・湿度75%のドウコンに3時間〜4時間30分置く。生地がゆるみ、押しても戻らなくなれば発酵終了。

焼成
20 型を天板にのせ、上火200℃・下火200℃のデッキオーブンで45分焼成する。

仕上げ
21 焼成したシュトーレンが熱いうちに澄ましバターに浸ける。
22 バターを軽く切り、バニラシュガーを全体にまぶす。
23 天板に並べてビニールシートをかけ、−10℃の冷凍庫に7時間〜8時間置いて生地を締める。
24 デコレーション用粉糖を茶漉しで全体にまんべんなくかけ、ラップフィルムで包む。

スタッフの育成は、もっとも難しい仕事

　パン職人になったばかりのころは、技術を磨くことだけに全力をそそいでいた。誰かが教えてくれるまで待つのがじれったくて、仕事を手伝わせてほしいと先輩たちに頼み込み、貪欲に学び続ける日々。後輩が入ってきても、自分1人でやったほうが効率よく、はやく終わるし、人に教える時間がもったいないとさえ考えていた。

　なんでも自分1人でやろうとするタイプの人間だった僕が、1人では何もできないと思い知ったのは、24歳で「ペルティエ」赤坂店のシェフになった時。どんなにパーフェクトなパンを焼けても、シェフとしては50点。リーダーシップやコミュニケーション力、信頼関係を築く能力がなければ、残りの50点を得ることはできない。現場のトップに立った僕は、そこではじめて安定的においしいパンを提供していくためにはチーム力が必要であり、チームとしていいパンをつくっていくにはスタッフへの指導が不可欠だということを、身をもって理解した。

　もともとコミュニケーションが苦手だった僕は、ペルティエで働きはじめた当初、シェフを務めていた志賀勝栄さん

人を育てるということ

から「職場の仲間ともっとコミュニケーションをとるように」とよく言われていた。それからは、自分なりに若手に声をかけたり、相談にのったりしていたのだが、シェフという立場の人間に求められるのはコミュニケーション力だけではない。さまざまなシェフの職務のなかで、もっとも難しいのは人を育てる仕事だと、今でも思っている。

シェフになったばかりのころは、かなり厳しく指導していたので、当時のスタッフからはたぶん怖がられていたのではないかと思う。その後は少しずつ、それぞれのスタッフの性格や体力を考えて指導するようになり、「フォートナム・アンド・メイソン」の店舗を統括する立場になったころには、各店舗のシェフとスタッフの関係性がうまくいくように、店舗のシェフの立場を尊重した指導方法を行うようになった。

新人を教育する際、僕が最初に指導するのは衛生面。「厨房をきれいにする」という当り前のことを、まずはしっかり身に付けてもらう。1つの作業を終えたらすぐに清掃して環境をととのえることで、次の作業が圧倒的にやりやすくなり、効率的に仕事を進めることができるようになる。それを理

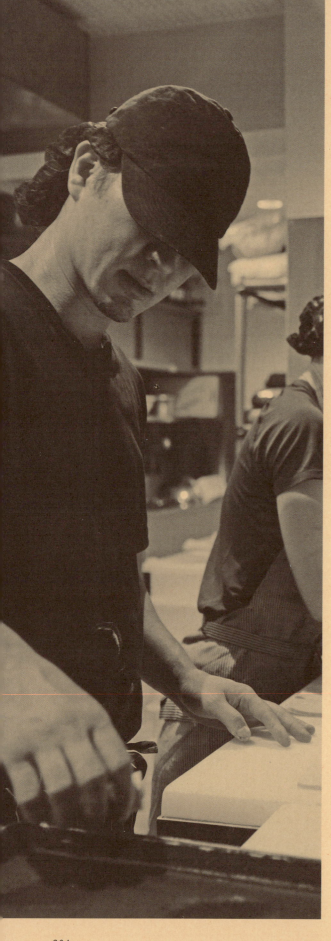

解し、実践してもらうためだ。

　僕自身、専門学校を卒業して「ポンパドウル」で働きはじめた時に、掃除を徹底的に行い、毎日、水滴1つ残さず厨房を磨き上げて帰ることを自分に課した。きれい好きという性格もあるけれど、誰にも負けない武器になるものをつくろうという気持ちも強かった。技術では先輩たちに負けるけれど、本気でやれば掃除では勝つ。どの店でも掃除でならトップになれるから、その後もけっして手を抜くことなく、誰よりも真剣に掃除に取り組んできた。それは今も変わらず、僕自身も1作業1清掃を毎日実践している。

　製パン作業については、やり方を実際に見せながら指導。まずは僕が見本を見せ、次にスタッフにやらせて「もっとこうするといいよ」と説明しながら、もう一度やって見せる。これをくり返すことで、作業のポイントを確実に理解できる

　ようになると思う。
　なぜ、その作業が必要なのか、何のためにその材料を加えるのか。つねに問いをもって仕事をする習慣を身に付けることも大切だ。どういう意味をもつ作業なのか、つねに意識することでパン職人としての勘が磨かれ、何より「つくることが楽しい」と感じられるようになるからだ。
　自分で考える力が育つように、パン デ フィロゾフのスタッフには、すべてを教えるのではなく、ヒントを出して作業の意味を考えさせるようにしている。たとえば、仕込み担当のスタッフに「この生地は pH3.8〜4.0 をめざしてつくってみて」とだけ伝えて生地をつくらせる。すると頑張ってpHをととのえてくるから、あらためてpH調整で何を狙ったのか、どこに気をつけるとうまくいくのかを話し、理解を深めるというやり方だ。

　指示の出し方は、性格も考え方もやる気のレベルも違う、スタッフ一人ひとりの個性に合わせて変えるようにしている。いまだにトライ＆エラーのくり返しで、めげそうになることもあるが、自分自身が楽しく働くことで伝わるものもあると思うので、どんなに忙しくてもスタッフの前では楽しく仕事をするように心がけている。
　現在、パン デ フィロゾフとドゥ フイユで働く正社員は7人。パン職人も、料理人も、成長するには新しい刺激や情報のインプットが不可欠なので、毎年数回はスタッフを連れて研修旅行へ行くことにしている。いろいろな世界にふれ、さまざまな経験を重ねることで見える景色も変わってくると思うから、スタッフのみんなにはここにいる間に学べることはすべて学び、新たなステップへ踏み出してほしいと考えている。

パン デ フィロゾフ
Pain des Philosophes

東京都新宿区東五軒町1-8
tel 03-6874-5808
Instagram @pain_des_philosophes

ドゥ フイユ
deux feuilles

東京都新宿区横寺町1-1 B1
tel 03-6682-1846
Instagram @deux.feuilles

榎本 哲 （えのもと・あきら）

1979年東京都北区生まれ。高校卒業後、東京製菓専門学校のパンコースを専攻。卒業後、18歳で（株）ポンパドウルに入社し、3年修業。東京・代官山「パティスリー・マディ」（現在閉店）に1年弱勤務。23歳で（株）ユーハイム に入社。「ペルティエ」赤坂店などのシェフを経て、「フォートナム・アンド・メイソン」の立ち上げや商品開発に携わる。27歳で退社し、マキシム・ド・パリ（株）に入社。同社初のブーランジュリー業態として発足した「ドミニク・サブロン」のシェフに就任。立ち上げ時から製造のみならず、店舗デザイン、包装、厨房レイアウト、スタッフ育成まで、すべてに携わる。7年勤務し、2014年4月に退社。新ブランドのプロデュースなどに携わったのち、2017年9月、東京・神楽坂に「パン デ フィロゾフ」を開業。2022年1月、2店舗目となるビストロ「ドゥ フイユ」を神楽坂にオープン。日々、パン デ フィロゾフの厨房に立ちながら、新店のプロデュース、レストラン用のパンの開発なども多数手がける。

パン デ フィロゾフ
榎本 哲がつくる食事パン

初版印刷　2024年12月1日
初版発行　2024年12月15日

著者©　　榎本 哲

発行者　　丸山兼一

発行所　　株式会社 柴田書店

　　　　　〒113-8477 東京都文京区湯島3-26-9 イヤサカビル
　　　　　電話 03-5816-8282（営業部）
　　　　　　　　03-5816-8260（書籍編集部）
　　　　　※ご注文・お問合せは営業部まで
　　　　　https://www.shibatashoten.co.jp

印刷・製本　公和印刷株式会社

本書収録内容の無断転載・複写（コピー）・引用・データ配信等の行為は固く禁じます。
乱丁・落丁本はお取替えします。

ISBN 978-4-388-06388-8
Printed in Japan ©Akira Enomoto 2024